中国式管理

谢 普◎编著

线装书局

图书在版编目（CIP）数据

中国式管理 / 谢普编著. -- 北京：线装书局，
2025. 5. -- ISBN 978-7-5120-6294-8

Ⅰ. F279.23

中国国家版本馆CIP数据核字第2024TJ0087号

中国式管理

ZHONGGUO SHI GUANLI

编　　著：谢　普
责任编辑：于建平
出版发行：**线裝書局**
　　　　　地　　址：北京市东城区建国门内大街18号恒基中心办公楼二座12层
　　　　　电　　话：010-65186553（发行部）010-65186552（总编室）
　　　　　网　　址：www.zgxzsj.com
经　　销：新华书店
印　　制：北京一鑫印务有限责任公司
开　　本：640mm×910mm　1/16
印　　张：13
字　　数：130千字
版　　次：2025年5月第1版第1次印刷
印　　数：00001—20000册

定　　价：49.00元

前　言

　　对于公司来说，管理环节是其能否持续进行良好运营的重中之重，如果一个公司在管理方向上出现了失误，那对于公司的运行和发展将会是毁灭式的打击。因此，很多管理者每天都在为如何才能更好地管理公司而殚精竭虑、废寝忘食。

　　管理真的就有这么困难吗？答案其实是否定的。实际上，大部分管理者之所以会认为管理困难，原因就在于他们缺少由时间所积累起来的管理经验。但有些人此时可能就会发出疑问："我现在就想要更好地管理公司和员工，等到我积累起丰富的管理经验的时候，公司可能早就被弄得一团糟了，这根本就是个不切实际的伪命题。"其实并非如此，经验并不是只能依靠自身的时间和经历来积累，而是也可以通过阅读前人的经验智慧来获得。

　　很多人可能认为人类社会从文明初始发展到现在，已经过去了千百年，现今的科技创造更是古人想都不敢想的事，以前的那套知识理论体系早就已经跟不上现在的发展脚步了。但真是这样吗？的确，古人因为受到当时条件所限，技术能力并不能与科技发达的现在相比，但就算时代再如何变迁，人始终都是人，只要是人就无法跳脱出我们固有的情感和思维体系。而管理公司的最主要目的其实就是管理人，这就与古人不谋而合，因为管理企业就如同管理国家一样。中国上下五千年的历史，经历了无数王朝更迭，兴衰变化，前人在这些王朝的变换中总结出了无数的关于管理人民的经验，在这其中肯定就能找到适合公司的管理方式和运作模式。

为了帮助大家更方便地阅读和了解这些知识，我们编写了这本书，以便能让大家在领略古人的管理智慧的同时，还能以现代的视角更贴切地理解古人的话语。我们在书中结合了古今中外的经典管理案例和日常生活中的很多实际案例，对古人智慧加以延伸拓展，力求以更简洁直白的方式让大家了解到中国式管理的风采和魅力，进而将书本知识转化为自身的感受，让大家能更有效地去管理企业。

"他山之石，可以攻玉"，借鉴他人的经验智慧，从而成就自身，是编写本书的初衷，也是我们希望达到的目的。愿广大读者在阅读此书时，能够了解和掌握更多的有助于提高自身能力的管理知识，更希望大家能在此基础上推陈出新，使自己成为更优秀的企业管理者，带领公司走向更加辉煌的明天。

目　录

第三章　知人善用，扬其长避其短

第四章　张弛有度，收放自如

第一章

先御其心，后通其情

小胜凭智，大胜靠德

> 德者事业之基，未有基不固而栋宇坚久者。
>
> ——洪应明《菜根谭》

释义：一个人的高尚品德是其事业的基础，如同兴建高楼大厦，基础不稳固高楼大厦就不能坚固持久。

有些人说，做领导只需要关注公司的业绩就行，不需要拥有多么高尚的品德，很多人格低下、品行不端的人也做出了不少业绩。但这些人即使一时做出一些成绩，获得一些名利，也并不会长久。因为想要成为一个优秀的领导者必须具备高尚的品德，这是一个公司长久发展的基础。

蒙牛集团的创始人牛根生，就是"以德取胜"的典范。"小胜凭智，大胜靠德"，这是牛根生常挂在嘴边的话，因为"德"是制服人心的最佳利器。"想赢两三个回合，赢三年五年，有点智商就行；要想赢一辈子，没有'德商'绝对不行。"

牛根生离开伊利之后，与他的团队一起创业，成立了蒙牛。牛根生能够创业成功与他的"德商"有着最为直接的关系。

在伊利工作时，牛根生就因业绩突出而多次受到公司褒奖。公司奖励他18万让他买一辆好车，令所有人没想到的是，他竟然用这笔钱买了四辆面包车，并全部赠送给了自己的直接下属。据知情人透露，牛根生还曾分给大家108万元，而这是他的年终奖。

2000年，和林格尔县政府为了表彰牛根生，奖励给他一台凌志轿车，价值104万元，而公司的副董事长获得的奖励是一辆捷达轿车。出乎所有人的意料，牛根生没有接受这部豪华轿车，而是提出与这位副董事长换车。换车之后，牛根生的女儿对父亲的行为表示很不理解，一直都用怀疑的口吻问牛根生："这部车是不是真的给了邓大爷？"

这就是牛根生所追求的"德"，他想通过这样的举动向人们传达：牛根生做企业不是为了个人赚钱和享乐。

在物质生活方面，牛根生的各方面都要比身边的副手差。他说："我们有两位副总坐的都是奔驰350，我们的副董事长坐的是凌志430，雷副总坐的是沃尔沃，而我坐的是一辆小排量的奥迪。"

2005年1月12日，牛根生宣布将自己个人所得股息的51%捐给"老牛基金会"，剩下的49%留给自己支配。他还承诺在他过世之后，将其所持股份100%捐给"老牛基金会"，并将这部分股份的表决权授予后任的集团董事长，家人对此股份没有继承权，每人只可获得不低于北上广三地平均工资的月生活费。

为此，有人问牛根生，在很多人希望将原本不属于自己的东西占为己有的情况下，为什么要将原本就属于自己的财富送人，难道你的理想就是要建立一个乌托邦吗？

牛根生的回答是：大胜靠德。

不错，"小胜凭智，大胜靠德"，想要获得成功，还需靠"德"！德即道德、德行。细化起来，各行各业都有其道德规范。德是一种境界，是一种追求，是一种力量，是一种震慑邪恶、净化环境、提升思维、积累学业财源的动力，德能使人内力强劲，无往不胜。

与员工建立深情厚谊

> 士为知己者死，女为悦己者容。
>
> ——《战国策·赵策一》
>
> **释义**：男子愿意为理解自己的人而牺牲，女子愿意为喜欢自己的人而打扮。

谁都知道，有了"情意"好办事。但"情意"是有限的，就像银行存款一样，你存进去的多，能取出来的就多；存得少，能取出来的就少。你若和别人只是泛泛之交，你困难时别人帮你的可能性就很小，因为人家没有义务帮你。如果你平时多储蓄"情意"，甚至不惜血本地投资，急用时就不至于犯难。

常言道，"士为知己者死，女为悦己者容"。能为知己者死的，必是具有深厚感情的。

公元前232年，燕国太子丹在秦国做人质，秦国对他很不好，太子丹对此心怀怨恨，暗地里逃回燕国。于是秦国派大军讨伐燕国。太子丹势力弱小，被秦军打败。为报国仇家恨，他派人去刺杀秦王。

荆轲在当时很有名，太子丹就把他请到家里，以贵客之礼招待他，将他照顾得无微不至，最终打动了荆轲。后来，太子丹又对逃亡燕国的秦国叛将樊於期以礼相待，奉为座上宾。二人对太子丹非常感激，发誓效忠太子丹，为他报仇雪恨。

　　荆轲虽力大无穷，非常勇猛，但秦宫戒备森严，五步一岗，十步一哨，且有精兵护卫，可以说接近秦王比登天还难。没办法，荆轲对樊於期说出自己的打算："论我的力气和武功，刺杀秦王不难，难在无法接近秦王。听说秦王对你逃到燕国非常生气，国内以千金悬赏你的脑袋，如果我能拿到你的头，冒充杀了你的勇士，去找秦王领赏，就能得到秦王的信任，并可乘机杀掉他。"樊於期听罢没有一丝犹豫，自愿献出自己的头颅。

　　于是，荆轲携带樊於期的人头和督亢地方的地图去见秦王，因为这两件东西秦王都想得到。可惜的是荆轲最终没能杀掉秦王，反被秦王擒杀。历史上留下了"风萧萧兮易水寒，壮士一去兮不复还"的悲壮诗句和"图穷匕见"的成语故事。

　　樊於期之所以自愿献出头颅，荆轲之所以愿意舍命刺杀秦王，都是为了报答太子丹的礼遇之恩。"投桃报李""滴水之恩，涌泉相报"，这些都说明"恩惠"的巨大感化作用。

　　其实，有时管理者给下级一些关心只是举手之劳，并不费多少力气，可是对下级来说这是一种莫大的安慰，必要时他会舍命来报答对方。

　　李强与王刚做同事很多年。李强工作表现一般，至今工作了七八年，仍然是个小员工；而王刚能力出众，成绩突出，现已是销售部经理。两个人在工作中没有什么交集，只是见面会打招呼。

　　一次，王刚由于涉及一个重大工作事故，因此受到董事长的冷落被降职。不久，王刚的母亲又因心脏病突发而去世了。双重打击使王刚倍感痛苦。这时候，李强很同情王刚的遭际。在他母亲下葬的那一天，李强主动前去帮忙，担任受礼的工作。当时正是寒冬腊月，北风呼呼地吹，其他同事都躲进了暖和的屋内，只有李强一直在外面帮忙处理各种事情。

这令王刚感到很意外，同时也深受感动。患难见真情，他觉得李强的形象突然高大起来。从此，李强与王刚经常来往，王刚一改往日态度，经常主动帮助李强。

一年之后，王刚因其突出贡献，又当上了销售经理，没多久就升任总经理。他没有忘记李强在他困难时给予的帮助，再加上他十分清楚李强的工作能力，便提拔李强为销售经理。

人非草木，孰能无情。无论一个人外表多么强硬，在内心深处都一定有情感的需要，希望从别人那里得到关怀、体贴和重视。物质满足替代不了人的情感需要，甚至有时候，情感需求比物质需求更重要。

倾听是管理者与员工最好的沟通方式

> 无怨无恶，率由群匹。
>
> ——《诗经·大雅·假乐》
>
> **释义：**（君主要做到）无人怨恨，无人憎恶，凡事能够听从群臣的意见。

倾听是人类沟通的有效工具之一，可惜的是，大多数的管理者都不太擅长倾听，只有少数管理者懂得如何倾听，并把它应用到实际的管理工作中去。

管理者必须认真倾听下属的意见，让他们感到自己的重要性，并让他们觉得自己不是用来完成公司目标的工具。

　　有一天，李峰坐在办公桌前，计划完成一份重要的报告。这时，麦语走进办公室，问能否和他谈一谈。李峰说："没问题。"然后继续埋头写报告。李峰写了一会儿才发现麦语一句话都没说，当他抬头时，看到麦语安静地坐在椅子上等他完成手上的工作。李峰想让她说清来意，但麦语说："我等你。"李峰说："没关系，我在听。"麦语回答："你没有在听。"麦语的话让李峰感到非常讶异，最终他放下笔，并说："我现在工作很忙，但是我可以一边工作一边来听你说。"不承想麦语却走了出去，这令李峰疑惑不解。更令他想不到的是，第二天麦语就辞职离开了公司，把本来要告诉他的一个非常重要的市场信息转而告诉了他的竞争对手。

　　由上述案例我们可以看出，认真倾听，给员工尊重，是多么重要的一件事情。当管理者选择倾听他们的讲话时，就给予了他们尊重。光这一点就能充分说明管理者非常重视他们，愿意倾听他们的意见。这个过程会让他们觉得自己很重要，并乐于分享自己的建议。

　　宽阔的心胸、柔和的态度，是每一个管理者应具备的品格，这种管理者能够让员工自由自在地谈话，无形中减少了他们的许多困扰。在这种管理者手下工作的员工，可以当场将心中的不满和怨言完全表露出来，转而以开朗的心态工作。

　　倾听是一种可以训练而成的技巧。有人认为听很被动，听者往往会感到烦闷，如果不进行交流很快就会觉得无趣。实际上，善于倾听不是一种消极的行为，而是积极的行为，听者对于交谈的投入绝不逊色于谈话者。人们不愿意倾听的原因是不希望受到外界新信息的影响，他们不愿面对别人对某人或某事的看法。因为要接受这些新知识和新感悟，就必须改变他们自己的观点和已经形成的看法。对大多数人来说，没有谁愿意改变自己的思维方式。他们理所当然地认为，做自己熟知的事要比创新安全稳当得多。

然而，我们不尽心当一个听众，是不可能进步的，也不可能领导好其他人。

当有人向你抱怨、希望获得你的共鸣和解决方法时，你应该试着站在对方的立场想想，复述他所提出的问题，并让他知道，你理解他的心情。首先，你要使那人的情绪平静下来。既然他有勇气找你面谈，一定是对工作岗位或某方面感到烦恼。如果一下子进入正题的话，他的语言组织能力和情绪未能很好地配合，很容易会说出对你不敬的话。其次，你要让他舒适地坐下，放松心情。然后，你向他表示希望他把困难说出来，以示你有耐心倾听，之后再慢慢转入正题。

管理者要主动听取员工的意见和看法，而不能总认为自己是对的。实际上，员工非常希望自己得到领导的认可，所以他们的讲话并不是毫无道理的，因为他们谈话的对象是你——他的顶头上司和企业的管理者，他们讲的话一定是经过深思熟虑的。

倾听确实很重要，这里有几个简单的方法可供管理者参考。

1．态度要好

千万不要端着领导的架子，否则你的员工可能就不愿意将他心中的真实想法说出来。而且，这样的态度也很容易伤害员工的自尊。上面的案例中，麦语就是因为李峰不专注听她说话，才决定辞职另谋高就。

2．聆听言外之意

当你在倾听时，必须认真体会说话者隐藏的感觉和情绪。毕竟你们所处位置不同，很多时候，他并不能直接向你表达他的意见，而是选择迂回的方式。因此，当你在倾听时，要特别注意说话者的语调和语气，因为里面很可能隐藏着说话者的真正意图。

3．敏锐观察对方

有报告指出，55%的沟通是基于我们所看到的事物，良好的倾听者会观察说话者的一举一动。曾有一名总裁在接受电视访问，被问及有关他的丑闻时，嘴上虽然大呼他是清白的，但他的表情却清清楚楚地写着："我就是有丑闻，怎么样？"

4．及时做出反应

仅仅倾听说话者所表达的意思是不够的，还应当对说话者作出适当的反应，这样才能让说话者知晓你对他的尊重。很多时候，说话者所要表达的感情远比他们所表述的内容重要。就像当有人说"我简直想把这台该死的电脑扔到垃圾桶里"时，对这句话本身的内容作出任何反应都是错误的，而对这句话所表达的情感作出反应才是重要的。在这种时候说"你肯定很闹心或肯定累死了"才是较适合的回答。

5．表现出你倾听的意思

所有的倾听都始于我们参与对话的意愿。倾听的动作可能是我们最不引人注意的动作之一，因为我们得抛开自己个人所需，抽出时间，来迎合他人的需求，但是这实则是违背基本人性的。这也是良好的倾听习惯必须费一番训练才能养成的原因。

6．适时答话

参与对话，是指借由积极的回馈而与说话者建立联系，好让他知道你正在认真听他说话。

7．集中注意力

这是对说话者的最起码的尊重。聆听者表现出的积极态度会使说话者觉得有尊严。当你没有全神贯注地倾听对方说话时，就会冒犯对方。尊重说话者指的就是全神贯注倾听说话者，不打岔，不敷衍应答。

作为管理者要明白一个道理：有感召力才能让下属自愿追随。自古以来，能成就大事的人都懂得为自己储备人才。当你能用这几种方法很好地倾听下属的声音时，就是你走近员工的第一步，也是聚拢人才的第一步。

温馨的"家庭"是员工最好的工作调节剂

《书》云：孝乎惟孝，友于兄弟，施于有政。

——《论语·为政》

释义：《尚书》说：孝就是孝敬父母，友爱兄弟，把这孝悌的道理施于政事。

从某种程度上说，一个企业就是一个大家庭，而管理者就是这个大家庭的家长。

企业由人组成，企业要想发展就离不开人的参与。员工的事就是企业这个大家庭的事，关心并照顾退休员工能够使在岗员工安心工作；关照有困难的员工会增加他们对企业的忠诚度。

只有关心员工、上下同心，企业才能形成团结向上的气氛，共同进步。

下属若信赖领导，即使是受到领导的批评，也会坦然接受。相反，如果一位领导在下属心目中印象很差，他的批评就只能让下属心生反感，效果只能是适得其反。这样的领导，对人才培养起负作用，那么对工作更是不会产生什么好的作用了。

所以，作为领导，要管好人、培养人，首先就要与下属建立相互信赖的关系。如果一个领导不了解下属的困苦，只一味地强迫、命令他好好工作，这是行不通的。因此，领导应该认真听取下属意见，深入了解下属存在的问题。如果由于什么事情使你失去了下属的信赖，那么不管你怎么努力，工作都无法顺利进行下去。另外，在干劲高涨、全神贯注、拼命埋头工作的状态下，下属能力才能得到提高。在对工作不感兴趣的情况下，人是不可能取得进步的。

在企业这个大家庭中，要当好"家长"这一角色，做一名称职的"家长"，管理者必须做到以下几点：

1. 尊重员工

美国IBM（国际商用机器公司）提出的口号是"尊重个人"，如果员工不能在公司受到尊重，就谈不上尊重和认同公司的管理理念和企业文化。作为管理者，更应该身体力行，把尊重员工落到实处，而不只是停留在口头。

2. 关怀员工

在美国，当别的经理都在忙于同工人对立、同工会斗法时，国民收款机公司的创始人帕特森却探索出一条新的道路。他为员工在公司建筑物里建造淋浴设施，供其上班时间使用；开办内部食堂，提供减价饭菜；建造娱乐设施、学校、俱乐部、图书馆以及公园等。别的经理对帕特森的做法感到疑惑不解，甚至嘲笑他这是愚蠢的做法，但他说，所有这些投资都会取得收益，事实证明了他的成功。

3．保护员工的利益

企业管理者理当是员工的"保护人"。也就是说，管理者要竭尽全力地维护员工的种种切身利益，如经济利益、政治利益、文化利益、法律利益等。这往往也是许多员工最为关心的现实问题。

由此可见，雇主与雇员、管理者与被管理者应该成为历史的概念。你应该让你的团队跟上时代的脚步，在一个共享民主与参与管理的氛围中建立起你温暖的大家庭。当无数个小家庭融入团队这个大家庭后，员工从他们小家庭成员的笑脸上感受到了身为团队一员的荣耀，同时也意识到，只有团队这个大家庭发展了，才有他们小家庭的美满幸福。这比起那些所谓的"座谈会"所具有的效力要强得多！

尊重员工的隐私，就是尊重自己，尊重企业的未来

> 人有礼则安，无礼则危。
>
> ——《礼记·曲礼上》
>
> **释义**：人际交往中有礼仪就可以安稳有序，没有礼仪就会混乱危殆。

　　一般而言，员工总是希望自己的私事尽量不为外人所知。要不要为某件私事保密，应该让他们自己来决定。

　　而问题在于，尽管很不情愿，员工还是不得不让你知道一些事情。因为你是领导，他们得让你了解一些个人问题，以便向你解释自己为什么会旷工、为什么要求给予方便，等等。

　　如果某个员工很乐意告诉你一些个人私事，那是因为他相信你判断和处理事情的能力，而不是让你在办公室里大肆宣扬这些私事。如果你不幸这样做了，那会让员工觉得你人品有问题。

　　　主管马杰想请李茜替儿子生病的吴莉莉到外地出席会议："李茜，这次需要你出差在外一个星期，我也知道你不乐意，但是吴莉莉的儿子病得很重，很需要她的照顾，我总不能在这个时候让她出差。"

　　　李茜很不情愿地答应了。不一会儿，吴莉莉推门进了马杰的办公室："我还以为可以信任你，李茜刚刚跟我要会议邀请信，说她很为我儿子的病难过。如果我想让别人知道我儿子的病情，我会自己告诉他们的，用不着你为我四处散布！"

　　　为此，吴莉莉和马杰大吵了一架，最终不欢而散。

　　由此可见，作为管理者，请不要谈论员工的隐私，即使你是出于一片好心，为了帮助他。这些谈论他人的短暂快乐值得让你赔上可能随之引发的长期损失吗？假如你觉得这阻止了你谈论别人的权利，你最好再想想！有很多细微的因素都可能使你的领导威信丧失，你谈论的可能是其他员工的话柄，但你的不好的名声也会因此而传开。

　　无论如何，一个管理者在员工心中的形象，应该是行事正直、仁慈。也许一句不经意的话就会给你带来不必要的麻烦。

所以，对待员工的隐私，一定要谨言慎行。

1．不轻易传播员工的隐私

隐私就是隐私，没有得到明确的许可，不要把别人的隐私告诉他人。

2．真正关心员工

在平时的工作表现中，你就应该做到积极关心员工，如果他们遇到了难以摆脱的烦恼，请不要问他们是什么原因，而是给他们一个好的结果，也就是给他们以安慰和适当的帮助，保证他们能以一种愉快的心情来工作。

3．以尊重员工为前提

如果你认为让别人知道员工的隐私对这位员工会有好处，或者为了公司的利益不得不让别人知道，那么你应该向他解释为什么你要把他对你讲的事告诉别人，并征求他的许可。他也许会这么说："好吧，你可以把这件事告诉别人。"他会因你的体贴和细心而感激不已，以后会对你更加信任，更愿意向你吐露个人所碰到的问题。

4．不拿员工的隐私来说事

如果马莉向你透露，她的丈夫因为将商业机密卖给竞争对手而被公司开除了，那该怎么办？你明白事情可能会被捅出去，弄不好还会在当地的新闻媒体中曝光。

会不会有人因此抹黑马莉？马莉丈夫被起诉会不会影响本公司的声誉呢？上司是不是也想了解发生的事情？尽管你清楚马莉是忠于公司的，但这些都是你要考虑的问题。不过你要明白：马莉就是马莉，她不是她丈夫。不要拿员工的隐私来界定其以后的工作。

5．不向其他员工打探某人的情况

这种方法是最糟糕的，可能你是出于一片好心，可是你的做法直接伤害到两个人，一个是被提供情况的人，一个是提供情况的人。

6．反省自己

你在玩"说人坏话"的游戏吗？假如你曾经"揭人疮疤"，你能补救吗？你愿意补救吗？当你遇到某人处处贬抑你，还对别人说你或公司的坏话时，你会怎么反应（短期或长期的策略是什么）？

作为一名管理者，即使是怀着想帮助别人的初衷，也不能违背当事人的意愿。因为人们对困难的反应是非常个人化、个性化的。因此，帮助处于困境的员工的最好方法是：

（1）表示你提供支持的意愿，但如果被拒绝，也不要生气；

（2）不要教导别人应该怎么做，除非他希望你这样。

对未知与秘密的探究是一个人的天性，而对他人隐私的守护是做人的责任与底线。替别人守住秘密的同时，也是在为自己保留一方净土，这是对心灵的最好慰藉。如果你不能尊重员工的隐私，甚至任意宣扬，以达到你的目的，那么，你的员工也会以"礼"相待，还你一个更加苦涩的果子吃。如果能凡事多替下属考虑，铺就的将会是你自己的平坦道路。

与成员分享成果

曰："独乐乐，与人乐乐，孰乐？"曰："不若与人。"曰："与少乐乐，与众乐乐，孰乐？"曰："不若与众。"

——《孟子·梁惠王下》

释义：孟子说："一个人欣赏音乐快乐，与大家一起欣赏音乐的快乐相比，哪个更快乐呢？"齐王说："和大家一起欣赏音乐更快乐。"孟子又说："和少数人一起欣赏音乐快乐，与和多数人一起欣赏音乐的快乐相比，哪个更快乐呢？"齐王说："和多数人一起欣赏音乐更快乐。"

有个人在天使的带领下去参观天堂和地狱。他发现地狱里的人都围着大桌子吃饭，每个人手上都绑着一把柄很长的勺子，尽管餐食丰盛，勺子里面盛满了食物，但他们却因为勺柄太长吃不到自己的嘴里，一个个饿得面黄肌瘦，痛苦不堪。天使又带他来到天堂。他看到在天堂里同样有一群手上绑着长柄勺子的人在同样的桌子边吃饭，与地狱不同的是，这里的每个人都红光满面、精神焕发——因为他们在用自己手上的勺子喂对面的人，互相都能够吃饱。

各顾自己还是分享互馈，"地狱"与"天堂"只有一念之差。分享与协同是团队成员团结和信任的纽带，只有在团队中建立分享的原则，与他人共享资源和机会，才能更好地维护好这条强有力的纽带。

构建团队也是如此，管理者首先要学会与他人分享，才能更好地合作。分享是合作的基础，不愿舍而只想取的管理者是自私的，没人愿意与这样的人共事。很多管理者身边有着丰富的资源，但他们不愿意拿出来与员工分享，这样的领导不会赢得员工们的拥戴。

假如团队领导者是个喜欢独占功劳的人，相信他的员工也不会为他卖力。反之，如果团队领导者乐于和员工分享成功的荣耀，员工做事也会分外卖力，希望下次也一样成功。

所以，团队领导者正确的做法是与员工分享功劳，分享成功的幸福和喜悦。每个人做事都希望得到肯定，即使最后没成功，但始终是卖了力，谁也不希望被忽视。一个人的工作得不到肯定，他的自信心必然会受到打击，所以作为领导者，千万不能忽视员工参与的价值。

在所有的分享当中，成果的分享无疑是最激动人心的。一起努力了很久，终于实现了目标，公司获得了收益。与此同时，如果每个人的腰包也跟着鼓起来，想必是一件让员工备受鼓舞的事。

管理者要把员工看作企业最重要的财富，而不要把他们看成企业利润的抢夺者。因此，优秀的管理者不仅要让公司富起来，更重要的是让员工也跟着富起来。和员工分享企业发展的成果，以此来调动员工的积极性，从而创造更多的财富，而不是损害员工的利益为企业节省资金。

许多著名的企业都采取了利益分享的措施，企业的利益由员工和企业共同分享。汽车大王福特就在他的公司内部实施了利益分享的制度。

1908年，福特公司制造的T型汽车成为美国最受欢迎的车型，也成为真正属于普通人的汽车。在1909年到1914年间，福特公司汽车销量始终保持着它的旺盛形势。然而，福特并没有趁机涨价大赚一笔，而是信守着他的商业宗旨"薄利多销总比少卖多赚好得多"，他没有让消费者失望。

在向消费者让利的同时，福特也和他的员工分享了企业的成功。福特公司开创了世界工业史上从来没有过的工人报酬方式。

福特主动提出，将工人的工资增加一倍，而且凡年满22岁的工人都可以享受公司利润中的一份，如果工人有眷属需要供养，即使没有年满22岁也可以享受这一待遇。正是凭借这样的利益分享措施，福特汽车公司的员工得到了极大的激励，提高了工作效率，同时也推动了企业的发展。

团队发展的成果应该惠及每个人，管理者必须具备这样的觉悟，才能够建立和谐的团队关系，推动企业的可持续发展。通过克扣员工所得来增加企业利润的短视思想，只能让企业停留在一个狭小的发展空间里。

要增强团队成员的凝聚力，管理者一定要学会与成员分享，让每个人都感受到你时刻在为大家考虑，如此，企业才能在市场上占领更为优越的位置。

美国零售大王山姆·沃尔顿在总结自己的成功时说："和帮助过我的人一起分享成功是我成功的秘诀。"山姆·沃尔顿认为，与所有员工共享利润是以合作伙伴的方式对待他们，公司和经理通过这种方式，改变了与员工之间那种特定的关系，使得这些员工在与供应商、顾客和经理的互动关系中开始表现得像个合作伙伴。而合作伙伴是被赋予权力的一类人，所以，员工会觉得自己也被赋予了权力，从而以更加认真和积极的态度来对待自己肩上的责任。山姆·沃尔顿说："让员工完全参与到公司活动中，从而成功地给他们灌输了一种自豪感，使他们积极参加到目标确立和实现并最终赢得胜利的过程中来。"通过与所有员工共享利润以及赋予他们在工作岗位上的权力，山姆赢得了员工极大的忠诚，这也是他创办的沃尔玛如此成功的重要原因。

我们不妨向这些优秀的团队领导者学习，用他们分享的智慧来管理公司。与团队成员分享劳动成果，有助于增强员工的归属感、荣誉感和自豪感，让每个人都心甘情愿地为团队的发展做出最大的贡献，从而促进团队的发展。

同甘与共苦一样重要

> 乐民之乐者，民亦乐其乐；忧民之忧者，民亦忧其忧。
> ——《孟子·梁惠王下》
>
> **释义**：统治者以民众的快乐为自己的快乐，民众也会与统治者同乐；统治者担忧民众担忧的事情，民众也会为统治者分忧。

共苦易，同甘难。团队刚刚建立，一般情况下都会经历一段时间的艰苦过程。然而，在成功后，很多领导者往往独自享受成果，而不是把胜利果实拿出来与员工分享。一个团队是否有合作精神，通常和该团队领导者关系密切。

曹操"虽胜责己"的故事就说明这一道理，下面看看曹操是怎样做的。

为了统一北方，曹操决定北上出征塞外的乌桓。这一举动异常危险，所以许多将领纷纷劝阻，但曹操还是率军出击，最终打败乌桓，基本完成了统一北方的大业。

班师归朝后，曹操想知道当初有哪些人不同意他北伐的计划，于是展开调查。

那些提出反对意见的人以为曹操会严惩他们，一个个都十分害怕。不料，曹操调查清楚后却赐给他们丰厚的赏金。大家感到很奇怪：为什么这些人不仅没受惩罚反而会得到赏赐呢？

对此，曹操解释说："北伐确实十分凶险。虽然侥幸胜了，但不可当作正常之举。各位的劝阻，是出于万全之计，所以值得奖赏，我希望大家以后要更加敢于表达不同意见。"自此以后，将士们进言献策，尽力地为他效劳。

实际上，合格的团队领导者总是能够看到员工的成绩，承认自己的错误。曹操不听劝阻最后大胜，不仅没有骄傲自满，还对那些建言者给予肯定，这充分体现了曹操整合团队的智慧。如果团队领导者都能像曹操这样，还愁团队没有凝聚力和向心力吗？

不少管理者都会犯这样的错误，就是处处强调自己管理者的身份，与员工区别开，并把下属的功劳据为己有。这样的领导者不能与员工"同甘"，怎么能指望员工与其"共苦"呢？

在某公司的年终晚会上，老板特别表扬了两组业绩较好的员工，并邀请他们的经理上台发表感言。没想到，两位经理的表现形成了极大的反差。第一位经理好像早有准备似的，一上台就夸夸其谈地说起他的经营方法和管理哲学，不停地向台下员工暗示自己为公司所作出的贡献，使得台下的老板及他自己的员工听了心里都很不舒服。

与第一位经理不同，第二位经理一上台就开始感谢自己的员工，并说："我很庆幸自己有一班如此拼搏的员工！"最后还邀请他的员工一一上台来接受大家的掌声。这使得台上、台下的反应大大不同。

像第一位经理那种独占功劳、常自夸功绩的人，不仅会使团队成员不满，就是老板也不会喜欢。第二位经理能与团队成员分享成果，令他们感到被尊重，那么他们以后一定会更加努力拼搏。其实，老板心里最清楚功劳归谁，所以，你是希望自己像第一位经理那样，还是像第二位经理那样？想必答案不言而喻吧！

美国著名的橄榄球教练保罗·贝尔在谈到他的球队如何建立团队精神时说："如果有什么事办糟了，那一定是我做的；如果有什么差强人意，那是我们一起做的；如果有什么事做得很好，那一定是球员做的。这就是使球员为你赢得比赛的全部秘诀。"

这是一种很广大的格局，这种共享荣誉的精神鼓励了球队的每一个人，能做到这一点，其团队精神是牢不可破的，球队每战必胜也是在情理之中。

一位获得表彰的厂长在全厂大会上讲话，他没有泛泛地说"成绩是属于大家的"之类的套话，而是颇有感情地把所有在工作中有突出贡献的员工事迹一件件列举出来，连一位员工休假提前上班的事也提到了。最后，他说："荣誉是全厂员工的，没有你们的努力，就没有今天。"并且向大家表示深深的谢意。可以肯定地说，厂长的话起到了巨大的激励作用。

毫无疑问，"同甘"与"共苦"一样重要，员工不可能只充当受管理者指挥的"苦力"角色，如果管理者与员工一起"同甘"，就一定会加强团队的聚合力。

尊重每个优秀的人才

贵德而尊士，贤者在位，能者在职。国家闲暇，及是时明其政刑。虽大国，必畏之矣。

——《孟子·公孙丑上》

释义： 敬奉德行而尊重士人，使有贤德的人处于一定的官位，有才能的人担任一定的职务。这样国家就无内忧外患了，再乘着这样的时机修明政治法律制度。这样做了，即使是大国也会畏惧你。

尊重人才，才能选聘到优秀的人才，这也是不少企业能获得高质量人才青睐的重要原因。

微软中国研究院首任院长李开复曾说，微软在大学生中不乏"追求者"，但他从不把向他提交简历的学生看作是在恳求他。事实相反，他的目的是为了寻求他们（能够成为微软雇员的人）、吸引他们、留住他们、发展他们。所以严格来说，是微软在求他们，而不是他们在求微软。

在我国历史上，不少管理者就深谙此道，他们尊重人才，将优秀的人才吸附在自己周围，最终依靠人才打得天下。刘邦就是这样一位优秀的管理者。

韩信是协助刘邦夺得天下的大功臣，在楚汉战争中发挥了至关重要的作用。但他在被刘邦重用之前，也曾因为得不到重用而试图离开。据《史记·淮阴侯列传》及《汉书·韩信传》的记载，韩信是淮阴人，出身不好，并且年轻的时候品行也有问题，但他精通兵法，并且胸怀大志。

韩信曾投到刘邦部下，当了一名小官。一次，韩信由于触犯军法而被判处斩刑，同案的十三人均已人头落地。轮到韩信时，他仰天长叹，正好看见夏侯婴，便大声说道："汉王不想成就夺取天下的大业了吗？为什么杀壮士！"

夏侯婴闻声一看，只见韩信相貌威武，便释放了韩信，免他一死。此后，夏侯婴向刘邦举荐了韩信，于是韩信被任命为治粟都尉，负责管理全军的粮饷。但韩信对于治粟都尉这个职位并不满意，觉得自己没有施展才华的机会。他思来想去，最终决定离开，打算另寻可以实现抱负的地方。

宰相萧何在得知韩信出走的消息后，立即去追赶韩信，最后把韩信挽留了下来。追回韩信之后，萧何向汉王刘邦阐述了他这么做的原因："大王，其他逃亡的将领，都是容易得到的人；像韩信这样的杰出将才，普天之下找不出第二个来。大王如果是想长久地称王汉中，韩信确实是派不上什么用场；如果是想争夺天下，那么韩信就是和你共商大计的不二人选。"

汉王在与萧何一番长谈之后，恍然大悟，立即派人召见韩信，要拜他为大将。萧何劝说，要想留住韩信这样的人才，必须表现出对这个人才的尊重才行。于是刘邦选择了一个良辰吉日，事先斋戒，为韩信举办了一场盛大的拜将仪式，并封他为"大将军"。

这样一个拜将仪式，不仅显示了韩信所受封的"大将军"的地位非常崇高，也让韩信得到了尊重，从而让刘邦成功地将他留在了身边，为日后称霸天下做了人才储备。

从这个故事中我们看到，有才能的人都盼望充分发挥自己的才能。作为一个领导者，应该给予他们最适合的高位和尊重。

如果管理者能礼贤下士，优秀的人才也会因为知遇之恩，为企业的发展尽心尽力。

冯·诺依曼是美籍匈牙利人。1929年，年仅26岁的他接到了美国普林斯顿大学的一封客座教授聘书，并承诺如果他愿意留在美国定居，将增加薪金并在一年以后聘为正式教授，这意味着他将获得更加优厚的研究条件和待遇。而此时的他，不过是德国汉堡大学的一名兼职讲师，这并不能说明他水平不够，恰恰相反，此时的他在学术界已经小有声名。但当时德国的大学学术体系更在乎资历和行政官员的评价，毫无疑问，博士毕业仅仅三年的诺依曼很难有大的上升空间。

于是诺依曼欣然接受邀请，远赴美国，并与爱因斯坦一同成为普林斯顿大学高级研究院的首批教授。在其后来的学术生涯中，他创造性地提出"二进制"和"程序内存"思想，被称为"计算机之父"，并为美国的经济建设做出了突出的贡献。

冯·诺依曼的经历告诉我们，人才往往会向往更大的发展舞台。所以说，团队的管理者在制定招聘吸引人才的战略时，除了要提供好的福利待遇、优越的工作环境外，更重要的是要能给予人才更大的发展舞台。

而且，管理者在选拔人才时，要注意别被所谓的工作经验、资历或者是别人的评价等外在因素蒙住双眼，只有真正地了解每个人才的实力，才不会让人才白白地从眼前溜走。

一个不懂得尊重人才的团队是没有前途的，尽管可能暂时处在发展的黄金时期，但终会因管理者的"有色眼镜"而吃亏。

领导者要善于沟通

爱人不亲，反其仁；治人不治，反其智；礼人不答，反其敬。

——《孟子·离娄上》

释义：对人友好但别人对自己不领情，要反问自己仁爱做得如何；管治别人但管治得不好，要反问自己是否有智慧；对人礼让但得不到回应，要反问自己是否敬重别人。

沟通犹如博弈，沉着、冷静者才会是赢家。职场沟通中，与员工沟通最容易不冷静、不沉着，因为想到个人的地位，想到把自己的严肃形象和个人魅力展示给员工，最后往往会适得其反，不尽如人意。

书法艺术有一个最高境界法则：无意为佳乃佳。在沟通中这种法则依然管用，比如与员工沟通时会出现急功近利的心态，心态一失常，员工就会有疑虑，一生疑，障碍就自然产生。

所以，沟通的成功一定是在心平气和的氛围中取得的。沟通中的平常心是修炼的结果。

有了平常心才会冷静，有了冷静才会倾听，有了倾听才会正确理解对方的信息，最后才能够实现高效沟通。

有一个女孩被一个经纪人慧眼识珠，发掘出来，成为歌手。她自己也不负众望，逐渐小有名气，而且成了曾经那个经纪人的老板。于是她开始对自己作为老板，还要将自己唱歌的一部分收入交给经纪人而感到不满，不想再与其合作了，并对经纪人冷眼相待，为此双方闹得很僵。

歌手的父亲知道这件事后，千里迢迢赶来劝女儿，他说："当初小李（经纪人）找到你，花钱让你学习专业课程，又费心费力地帮你找机会、上节目，他付出了那么多自然应该得到回报。你呀，现在的名气和地位有很大一部分原因都是人家一直帮助你才能获得的，而且他在你出名后从没有以此为由裹挟我们，还继续尽心尽力地帮你负责各种工作事宜，业务能力始终出众，你还是找个机会再和他谈一谈吧！"

女儿听了父亲的话，心里也平静了下来，知道了自己的错误，与经纪人敞开心扉彻谈了一次，与经纪人的矛盾也就此消除了，两人之间的合作也更加默契了。

从这个故事可以看出，在现实生活中，在管理上，领导干部做下属的思想工作时，不管是一般的交流、谈话，还是有针对性地对其说服、教育、批评、帮助，都要以平等、坦诚为沟通的基础。首先要明白一点，领导和下属虽然有职位高低、权力大小、角色主动与被动等差别，但在人格上双方是完全平等的。领导如果摆架子，下属或许会被震慑住，你的权威感是建立起来了，却永远无法听到下属的心里话。

同事间最重要的是取得他人的信赖。让别人信赖你，一方面可以避免别人对你的言行产生误解，另一方面也有利于你的工作的展开。那么，什么样的态度最容易博取别人的信赖呢？

1．认真倾听

训练自己成为一名好听众很不容易，尤其是当对方滔滔不绝地向你诉苦或谈论个人问题时，总是令人感到十分不耐烦。但不论如何，请拿出你的耐心，认真聆听同事说话。

2．言行合一

即使处理细微的琐碎事也不能掉以轻心。如有任何言行不一的情形出现，都会破坏人们对你的信赖。

管理沟通就是通过减少摩擦、克服内耗、解决矛盾，求得个体与群体的相对稳定与和谐发展。据调查，在办公室里，人们要将60％以上的时间和精力用来处理各种复杂的人际关系。这就表明，能否较好地掌握协调人际关系的艺术往往是一个人能否成功的重要因素。

放下自己的身段，多去思考如何与员工沟通能让他更好地敞开心扉，使其能更加信任你，这才是一个管理者最应该去做的事情。当你能设身处地地为员工着想，那公司的管理自然而然地就提升到了更高的层次。

多用建议的方式下达命令

居上不骄，为下不倍。

——《中庸》

释义： 在上位的领导者不骄傲，下面的人不自弃。

说到命令，人们可能会想到战争故事中的"军令如山"，领导下了命令，下级必须赶紧执行，于是认为以命令方式去领导下属办事效率最高。但在实际工作中，结果却不尽如人意。

下属不仅是被领导的人，还是领导者事业上不可或缺的伙伴。为此，在交代下属工作时，应尽量采用建议的口吻，而不是命令的口气。

领导在指挥员工去做事时，千万不要以为只要下了命令，事情就一定可以做成。做指示、下命令，当然是必要的，但是，必须仔细观察考虑，对方在接受指示、命令时，有什么反应，他是在什么样的状态下接受命令的。

一些领导者总是喜欢颐指气使，有事就大嗓门地命令下属去干。他们认为只有雷厉风行才能产生最佳效果，命令别人去做事的时候也不看人家的意见如何，不是说："小刘，把这份材料赶出来，必须以你最快的速度，如果明天早上我没有在我的办公桌上看到它，我将……"就是说："你怎么可以这样做？我说过多少次了，可你总是记不住！现在，把你手中的活儿停下来，马上给我重做！"

结果总是让下属面色冰冷、极不情愿地接过任务，去完成它，而不是做好它。

可是等工作交上来后，这类领导者就会大为失望，不禁有些生气："好了！看来你只是个平平庸庸、毫无创新的人而已！我对你期望很高，可你总是表现得令人失望！就凭你这个样子，永远也别想升职……"

如此情形，说明领导者与下属的关系完完全全地进入了一种"恶性循环"。这是怎么回事？毛病出在哪里呢？就出在领导下达命令的方式上。

以为自己是领导，就有权在别人面前指手画脚，发号施令；就可以对别人颐指气使，呼来喝去；就可以靠在软绵绵的椅子里，指挥别人去干这个，去干那个。不！没有人喜欢这样的领导。身为领导必须懂得，即便只是一名下属，与你不同的只有分工、职务，在人格上都一样是平等的，根本不存在什么高低贵贱之分。

所以，领导者想让下属用什么样的态度去完成工作，就要用什么样的口气和方式去下达任务。

著名的人际关系学家卡耐基曾与美国最著名的传记作家伊达·塔贝尔小姐一起吃饭，她告诉卡耐基，在她为欧文·杨罗写传记的时候，询问了与杨罗先生在同一间办公室工作了3年的助手，这位助手宣称，他从没有听到过杨罗先生向下属下过一次命令。

例如，欧文·杨罗从来不说"你做这个或做那个"或"不要做这个，不要做那个"。他总是说"你可以考虑这个"或"你认为，这样做可以吗？"

他在口授一封信之后，经常说："你认为这封信如何？"在检查某位助手所写的信时，他总是说："也许我们把这句话改成这样，会比较好一点。"

他往往给人机会自己动手，但并不告诉他的助手怎么去做事，而是让他们自己去做，从而在失败的教训中学习成功的经验。

这种方法，不仅维护了下属的自尊，使下属感到自己很重要，同时还让下属希望与这样英明的领导者继续合作。

郑克在一家工厂当主管。有一次，一位商人要订一大批货。但是，他工厂里的活儿已经排满了，而订货单上要求的

完成时间又太短，无法接受。可是这是一笔大订单，机会太
难得了。

但他没有强迫工人加班加点地干活来赶这张订单，他召
开了全体员工会议，对他们说明了具体的情况，并且向他们
表示，假如能准时赶出这张订单，对公司意义重大。

"我们有什么办法来完成这张订单？"

"有没有别的办法来处理它，使我们能接这张订
单？""有没有别的办法来调整我们的工作时间和工作的分
配，来帮助整个公司？"

工人们提供了许多意见，并坚持接下这张订单。他们用
一种"我们可以办到"的态度得到这张订单，并且如期出货。

所以，身为领导者，如果要向下属下达命令，让他做你想
要他做的事或是要他改正错误，那就避免使用"命令"的口吻，
不妨试试"建议"的方法。

第二章

律人诚可贵，律己价更高

成为团队的"主心骨"

> 古之立大事者，不惟有超世之才，亦必有坚忍不拔之志。
>
> ——苏轼《晁错论》
>
> **释义：**自古以来凡是做大事业的人，不仅有出类拔萃的才能，也一定有坚韧不拔的意志。

优秀的团队管理者必须成为团队的"顶梁柱""主心骨"，必须成为团队的灵魂。管理大师路易斯·蓝伯格奉行的哲学是："不要退而求其次。安于平庸是最大的敌人，唯一的办法是追求卓越。"要想带领你的团队不断走向优秀，必须把自己训练成团队的"主心骨"，用能力和结果证明自己。适者生存，要么成为最优秀者，要么被淘汰出局。如果自己不是团队成员心目中的主心骨，团队就会失去支撑，团队的凝聚力也会大为降低。

管理者成为团队的主心骨，是团队和个人能够保持生存优势、缔造常青基业的根本保障。放弃了这些，就是放弃了生存的根本。

管理者作为团队的主心骨，必然会得到下属的认同和跟随。不被认同的领导者是可悲的，这样的领导者得不到下属心甘情愿的追随，也会让管理工作变得寸步难行。从实际工作经验中可知，被领导者一旦认同了领导者的人格和人品，就很容易认同领导者的决策，接受领导者的工作安排。此时，被领导者在不知不觉之中，也能心甘情愿地服从领导者的安排。

电影《斯巴达克斯》的最后一幕是这样的：奴隶们被罗马军队俘获，当罗马将军告诉奴隶们，如果他们能把斯巴达克斯交出来，就能免他们一死。这时，反对罗马政权的起义领袖斯巴达克斯挺身而出，告诉罗马将军："我就是斯巴达克斯。"可难以置信的是，他身边的奴隶紧接着也说自己是斯巴达克斯，随后，另一个奴隶也站出来说了同样的话。

一个接一个，最后整个奴隶军团的人都说自己是斯巴达克斯。

正是由于斯巴达克斯是这个团队的主心骨，他的个人影响力感染着其余的奴隶，才获得了他们的拥戴和认同，他们甚至愿意为了这份认同，为了对自由和平等的诉求，主动称自己是斯巴达克斯，哪怕面对的是死亡也在所不惜。

无论你从事哪一行，都必须用自己的能力证明自己是团队中的优秀分子。每个人必须有这样一个简单而重要的观念——成为团队的中坚力量，这样才能成为带领团队前进的人。

很多年前，中国出现了一名"打工皇后"。

当时还是一个年轻护士的吴士宏，只是听收音机学了一年半许国璋主编的《英语》，就大胆地到IBM公司去应聘。她站在长城饭店的玻璃转门外，足足用了5分钟来观察别人是怎么从容地步入这扇神奇的大门。

最终她成功进入了IBM。

吴士宏进入IBM后，先从最基层的办事员做起。她沏茶倒水，打扫卫生，从事的完全是体力劳动。她曾感到非常失落，连触摸心目中的高科技象征——传真机都是一种奢望，她仅仅为身处这个安全而又能解决温饱的环境感到一丝宽慰。

为了改变现状，吴士宏下定决心提升自己。为了达到专业打字员的水平，她没日没夜地苦练，很长一段时间手指都拿不住筷子；为了通过计算机语言考试（否则要"下岗"），她用两个星期的夜晚啃完一尺半高的教材；为了能够锻炼口才以适应推销业务，她在家里对着墙壁反复练习绕口令，练习专业术语快读，直至咽喉充血吃不下饭。

她想只要坚持做好本职工作，领导一定会给她更多的锻炼机会，直至为她提供崭新的奋斗平台。果然不出吴士宏所料，上级开始注意到她的辛勤与敬业，进而发现她的才华，逐渐交给她一些更有挑战性的任务。终于，吴士宏获得了承担IBM中国公司华南地区的全部销售工作这项重大任务。

吴士宏在IBM公司工作了12年，以苦干实干著称，终于从一名勤杂人员成长为高层管理人员。

吴士宏的奋斗历程带给我们启示：优秀的人才是"真刀实枪"干出来的。就算没有背景、没有资历、没有经验，只要肯努力，同样能成为一个团队的领导者。

在工作中，每个管理者都应该常常这样问自己：如果现在的团队没有你，对于团队来说是不是一个很大的损失？你的潜力、你的价值能不能够大到让部下在任何时候都不舍得放弃你？如果你的答案是肯定的，那你就已经是团队的主心骨了。

"要生存和发展，必须先成为主心骨"，这将成为所有有志者的座右铭。

以身作则胜过千言万语

> 子曰："其身正，不令而行；其身不正，虽令不从。"
>
> ——《论语·子路篇》
>
> **释义**：孔子说："自己行为端正，就是不发布命令，人民也会服从；自己的行为不端正，发布了命令也没有人遵从。"

　　领导必须保证下属最为优先的需要能首先得到考虑。他们必须问问下属是否获得了成长——变得更健康、更聪明、更自由、更富于自觉性、更能干——以及更可能像自己一样成为公仆式领导。领导具有领袖气质的内涵是服务。

　　富有领袖气质的领导者以身作则，他们乐于以衡量他人的同一标准来约束自己。富有领袖气质的领导者率先垂范，他们实实在在地说到做到。

　　领导者之所以如此，是因为这样表明了他们对理想、方案或服务的一种坚定信念。率先垂范为领导者的尽职尽责提供了确凿的证据，它表明领导者愿意亲身实践，愿意从新方法的试行中吸取免不了的教训。

　　此外，通过率先垂范，领导者还可满足下属不断探索未知领域的渴望；其下属也可以从他们的领导那儿学到各种经验，当知道自己并非是孤军奋战时，下属会感到更加满意。通过率先垂范，以身作则，并在重要事情上倾注大量时间和精力，领导便成为人们效仿的榜样。

　　唐太宗李世民在大家印象中应该是位执政清明的千古明君，但他在还是秦王之时其实就已经受到了当时所有唐军将士的爱戴与尊敬。他依靠的是自己在战场上身先士卒的风采。他在侦察敌军之时经常亲自前去，与兵士一同行动；甚至在两军交战时带头冲锋，杀入敌阵，与将士共进退。这也是李世民带领军队征战时战无不胜的主要原因。

　　由此可见，以身作则是多么重要。

　　榜样能给人巨大的影响，富有领袖气质的领导人都明白这个道理。美国前副总统休伯特·汉弗莱说："我们不应该一个人前进，而要吸引别人跟我们一起前进。这个试验人人都必须做。"也就是说，以身作则使富有领袖气质的领导者可获取强大力量。与你并肩前进的人总是比跟在你后面走的人更努力，也走得更远。

　　富有领袖气质的领导者认为：领导者是被学习的榜样，不是被赞扬的对象。树立榜样就意味着领导者需要发展诸如勇气、诚实、随和、不自私自利、可靠等个人品格特征。为别人树立学习的榜样，就意味着领导者必须坚持道义的正确性，甚至当这种坚持需要付出很高代价的时候，也得坚持。

　　诺贝尔和平奖获得者阿尔伯特·施韦泽曾说过："在工作中，榜样并不是什么主要的事情，但那却是唯一的事情。"富有领袖气质的领导者认为，伟大的梦想单靠一位领导者是无法独立实现的。"领导"是一项群策群力的共同努力。领导楷模会赢得同仁们的全力支持与协助。

领导要敢于担当

苟正其身矣，于从政乎何有？不能正其身，如正人何？

——《论语·子路篇》

释义：如果端正了自己的言行，治理国家还有什么难的呢？如果不能端正自己，又怎么能去端正别人呢？

埃德加·斯诺在《西行漫记》中评述过红军与白军作战方式的不同。他认为，红军的作风是"跟我冲"，白军的作风是"给我冲"。两种不同的领导方式，却能带来天壤之别的效果，"跟我冲"也成为红军屡战屡胜的法宝。

"跟我冲"能让下属感到领导者时时和自己站在一起，每个员工都有强大的后盾支持着他们，也能带领他们奔赴正确的奋斗方向。这种以身作则、率先垂范的优秀领导者，还具备一种令人信服的精神力量，能让下属从心中萌生出敬佩与信赖之情，进而产生一股强大的凝聚力、感召力。

行动往往比语言更有说服力，让下属"跟我冲"，更容易博得下属的信任与认同。即使没有声色俱厉地发号施令，下属也会心甘情愿地奋勇跟上。因为在他们眼里，领导者没有自绝于团队之外，领导者就是团队的"灵魂"。

有一次，王经理走访一处物流中心时，发现了一些极其凹凸不平的面团。他很清楚这些面团属于劣质品，不能出厂。

但是他并没有说什么，而是卷起袖子和那里的工作人员一起解决这一质量问题。在场的工作人员都很受感动，并保证以后不会再有同样的事情发生。

这位王经理以实际行动让下属跟自己"冲"，而不单单是说教。喊"跟我冲"的管理者会把团队成员视为相濡以沫的朋友，而不仅仅是唯命是从的下属。这样的管理者往往会像拥有强大的磁场一样，将整个团队紧紧地吸附在周围。

所谓"跟我冲"，是指在团队利益将要遭受损害时，能够主动站出来维护组织的利益。

带领下属"跟我冲"，无论遇到怎样的困难或是发生什么意想不到的情况，领导者都能与大家并肩作战，共渡难关。

有一次，在飞机上发生了这样一件事，一名年轻的空乘不留神把水洒在旅客的身上。旅客很生气，就质问这名空乘是怎么回事。

看到旅客生气之后，这名年轻的空乘感觉非常紧张。她其实很想用毛巾帮旅客擦干，但是又怕正在气头上的旅客呵斥自己，所以，就很客气地对旅客说："先生，对不起，刚才我不是故意的。"

听到空乘说自己不是故意的，旅客更加生气了，他开始发火，说道："我穿着湿漉漉的衣服有多难受，你一句'不是故意的'，我难道就该老老实实地活受罪？"这时，年轻的空乘只得再次道歉，可是这时候说什么，这名旅客也不想听，他的心情越来越差，并且扬言一定要投诉这名空乘。在这样的情况下，乘务长并没有因为害怕旅客的指责而躲起来，而是快步向前，主动尝试帮助年轻空乘化解窘境。她俯身对旅客说："先生，真对不起，把您的衣服弄湿了，这是我们工作的失误，您先消消气，我可以帮您擦一下湿衣服吗？"

然后，乘务长马上对旁边惹祸的空乘说："你去帮我拿一块热毛巾，先给旅客擦一下。"年轻的空乘立马转身离开，快步去取毛巾。看到两名空乘已经有了实际行动，这名旅客的气慢慢地消解了，毕竟他不能对着一个代人受过的乘务长发脾气。眼前这个殷勤的乘务长并没有过错，他在关键时刻站出来，帮助自己的同事解决工作中出现的问题。

在这位旅客下飞机时，乘务长继续道歉说："对不起，今天给您的旅途添麻烦了。"这时候的旅客不但没有生气，还笑着说："我不该发脾气，谢谢你们周到的服务！"

就这样，一件看上去很麻烦的事情，在乘务长的调解下得到了圆满的处理，并且为集体赢得了服务周到的美誉。

一个人的力量是有限的，但是很多人组成的群体却可以移山填海，可以飞越太空，这并不是什么奇迹，而是团结的力量！

管理者必须具备带兵打漂亮仗的能力，要能够从自身做起，树立能够让下属参照的工作形象，把每一份工作都努力做到尽善尽美。只有敢于担当，才能带好团队。

合理传递工作压力

以不忍人之心，行不忍人之政，治天下可运之掌上。

——《孟子·公孙丑上》

释义：以同情他人的心理来施行同情他人的仁政，这样治理天下就像在手掌上运转东西一样容易。

如何传递工作压力，如何将所传递的工作压力转变成工作动力，这是一个成功管理者必须思考的问题。

立志科技是一家高科技企业，凭借"公司利益至上"的高压强的企业文化，不断在市场上取得突破性进展。虽然实行8小时工作制，但立志早已形成了一种以加班为荣的文化。一开始是研发部门任务重、时间紧，经常要加班加点赶进度，后来是市场部为完成销售任务也经常加班，最后导致行政、后勤、中试、生产等部门都逐渐开始加班。再加上立志实行从国外引进的将收入与绩效挂钩的薪酬管理制度，达不到工作目标，就意味着工资会少很多，主管领导的考评也会受到影响。因此，工作任务和压力从高层到各部门、基层员工层层传递，每个员工都在压力驱动下忘我工作，时间一长，几乎所有员工都在自觉加班。久而久之，公司开始给加班员工提供免费夜宵，派车送他们回家，部门主管也会适当对长期加班的员工给予绩效照顾。同时，公司在研发环节也实行精细化管理。技术攻关类项目要在限定时间和研发费用内完成，费用不能不用完，但也不能过多超支；此外，研发中如果有重大失误导致巨大浪费，整个项目组都将受到惩处。由此，研发人员在钻研技术之外，还要承受来自财务和管理上的巨大压力。

从立志科技的案例中仔细分析，可以对比出有些管理人员在工作压力的传递方面存在着一些问题，使工作始终处于被动局面：或者是将上级或外界传递来的工作压力，由自身消化，不能很好地传递下去；或者是将上级或外界传递来的工作压力不经过滤，完全传递给下级，自身毫无工作压力，却造成下级无所适从，产生消极抵触情绪。把压力完全传递给下级，表面看来将压力完全分解，而事实却恰恰相反，从末端反传回来的压力最终导致工作压力为最大值，而工作效率为最小值。成功的管理者是将工作压力适度传递，犹如物理学中的杠杆原理，就是用一定的力量便能撬动你所必须撬动的物体，找到你的力学点，找到下级人员的力学点。

从第一种传递方式看，实际上并没有传递，而是将传递链以人工的方式卡断了。他只是单纯地接收上级或外界传递来的压力信息，不做分解，不做消化，看似整天工作很忙，但是效率极差。这种人不懂得管理中的分工合作与充分调动人力资源的道理。

从第二种传递方式看，这种人企图将所有的工作压力毫无保留地传递给下属，而自己选择不承受一点压力，岂不知压力过大，便会产生一种破坏力。这种工作方法导致的最终结果是员工产生抵触情绪，甚至消极怠工，使企业或部门的工作目标不能实现。

第三种传递方式应该说是一种比较科学的传递方式，它能较好地将所传递的工作压力迅速转变为工作动力。工作压力的适度传递，意味着管理人员与下属共同承担工作压力、责任、风险，共同实现本企业或本部门的目标价值，同时也为下属提供了较好的施展才华的工作平台和展示自己的机会。个人的智慧是有限的，只有充分集中团队的智慧，发挥每个员工的积极性，才能很好地将压力转变成动力，完成团队的工作目标，实现企业价值的最大化。

喊破嗓子，不如做出样子

观国者观君，观军者观将。

——《管子·霸言》

释义： 看一个国家要看他的君主如何，看一支军队要看他的主将如何。

说不如做，管理者只有真真切切地去做，才会吸引员工的追随。将军们常常用他们那叱咤风云的豪迈气概，鼓舞部队的士气以提高战斗力，并坚定地认为，在千钧一发的时刻，将帅的坚毅决心和模范行动，是拉动"火车"前行的"火车头"，是取得战斗胜利的巨大精神支柱。

管理者作为领导者，理所当然地要起到表率作用，使公司形成上下一心的工作局面。管理者良好的形象能产生叠加效应，使下属充满信心、勇气和力量，激励他们勇往直前。管理者的顽强意志与人格魅力，指引着下属前进的方向。

很多人都知道海尔公司，它的掌舵人是张瑞敏，海尔的发展与张瑞敏的努力密不可分。而张瑞敏在谈到海尔时，除了夸赞全体员工外，总会格外称赞他的助手——海尔集团的总裁杨绵绵。

1984年12月，时任青岛市家电公司副总经理的张瑞敏组建了青岛电冰箱厂。他上任之后，决定引进德国利勃海尔电冰箱的生产线，实则是购买利勃海尔的电冰箱生产技术。

张瑞敏诚邀杨绵绵参与项目的引进，随后杨绵绵成为张瑞敏的主要助手。

然而这个项目并不被看好。但既然决定引进这个项目，那就必须做好。生产冰箱就应该对冰箱的生产过程有一个基本的了解。于是，张瑞敏便让杨绵绵去打听一下情况。后来，杨绵绵才发现，国内并没有真正懂得冰箱生产的技术人才，而她自己对冰箱的理解还停留在小时候看过的古董冰箱。

这么大的一个引进项目，必须由专业人士操作。于是，杨绵绵专门去图书馆攻读关于冰箱制造的书籍。她发现一本名叫《电冰箱》的书，写得很专业很细致，便专程去上海向此书的作者请教，并把他请过来做企业顾问，让他把冰箱制造的基本原理详细讲了一遍。通过这样强化式的"学习"，杨绵绵才初步掌握了相关知识。

后来，她又派人向国内的同行学习，回来之后结合自己之前掌握的知识，设计出新的图样，从此专心研究电冰箱的制造。

本来，张瑞敏只是让杨绵绵去打听一下情况，换作别人或许就会做做表面功夫，或者干脆交给下属去做。毕竟，如果对冰箱的制作一无所知，哪能那么快就成为这个领域的专家。何况自己是管理者，具体的研发完全可以交给技术人员去做。

可杨绵绵不这么想，既然决定做冰箱，那自己就得成为这方面的专家才行。所以，她不仅自己买书看，还亲自去拜访专家，了解冰箱的制作原理，甚至自己去画图设计。正是凭借着这股要做就做最好的劲头儿，最后才有了今天的海尔。可以说，如果没有当年杨绵绵那种超乎寻常的钻研劲儿，就没有海尔后来的迅猛发展。

杨绵绵用自己的经历给管理者们上了一堂生动的职业课：在工作中，只有走在员工的前面，成为员工的榜样，才会成为优秀的管理者。

想在公司有所作为，就必须带领员工解决企业发展过程中的各种问题。如何解决问题？除了有想干的意愿、能干的资质，还要有实干的魄力。

曾经有这样一个濒于破产边缘的小厂。新来的厂长成强预备召开全厂工人大会，可直到下午工人们才陆陆续续到齐。新厂长首先说了几句关心的话："医药局的领导很关心大家，希望这个厂能够很快地扭亏为盈，给大家发工资，让大家有饭吃。"没想到大家只是默默地望着他，脸上没有什么表情。他又继续说："如果完不成，我就把我这后半生扔在这儿，跟大伙一块儿受苦、受穷……"

不管成强说什么，下面始终不吭一声，掌声和喝彩声更是谈不上。

这种近乎麻木的反应，已经在无言地回答他：这已是一个彻底松散了的厂子。

彻底松散了又能怎样呢？只有实际行动能改变现状。成强不仅带头多干，并且把结果干实。

那时，营销上大家都通过广告来打市场，一天、两天、十天、三十天，要求打广告的呼声一直不断。成强的答复是：没有广告，继续坚持！

时间最考验人，三个月过去了，还是没有打广告，原先的一部分人已经挺不住了，纷纷离开。

那时，成强也已经认定，这批充满活力但又急于赚快钱、挣大钱的年轻人的离开是在所难免的。但是，做市场就是要踏踏实实，靠广告轰炸起来的市场是泡沫，一捅就破，不打广告打下来的市场才坚实。越是经过大浪淘沙留下来的营销队伍，越能博浪于未来市场。

半年多过去了，人员基本稳定了下来，各地区市场客户纷纷回款。成强审时度势，认为用广告推动销售的时机已经到来。这时，才有了后来家喻户晓的广告效应，销量开始几倍、几十倍地增长。当年的小厂彻底翻身，并快速发展。

出现问题的时候，实干的管理者，凭着一股"一定把工作做好"的劲头儿，会高质量、高效率地带领员工完成任务。然而许多问题不是轻而易举就可以解决的，当遇到难题时，是临阵退缩还是主动查找原因、寻求解决问题的办法？优秀的管理者选择后者，也就是说只要肯干，总能找到解决问题的办法。

管理者的形象在下属这里会产生叠加反应，一个好的管理者形象会收到极好的效果。作为管理者，必须率先去做，才能领导下属。"强将手下无弱兵"，你有真实力，你有切实的行动，才能形成榜样的力量，带领下属往前冲。

除了言传身教，还要明确标准

欲觉闻晨钟，令人发深省。

——杜甫《游龙门奉先寺》

释义：将醒之时听到佛寺晨钟敲响，令人生发深刻的思考。

45

想要提升公司的核心竞争力，就要提高各级管理者的领导能力与管理能力。各级管理者必须不断修炼自己，提高沟通能力，提升公司的整体核心竞争力，从而推动公司的持续与稳定发展。

管理者沟通与执行能力的提升重点是：身体力行、严格执行、有效监控、诚信服从，中基层管理者必须具有强烈的绩效导向，紧紧围绕提高公司核心竞争力这一目标，严谨做事。

1．制订合理的目标

依据上级目标及本部门工作现状制订部门目标，体现对上级目标的分解与对本部门工作的牵引；工作计划则需符合目标并设有监控点。

（1）按照上级部门的规划或安排，与相关人员共同制订部门工作目标，明确各项工作任务的要求和改进方向。

（2）根据工作的优先顺序分配资源，包括人、财、物、信息等，有效合理地利用资源成本。

（3）与相关人员讨论目标的执行情况，在公司规定范围内确定执行计划的具体工作方法和活动。

（4）根据工作任务的具体要求和特点，深入分析工作环节中易出现的失误或问题，并明确相应的监控点及防范措施。

2．实施工作计划

按计划要求及本部门资源状况将工作任务分解，对下属进行培训、协调所需资源、激发员工热情，保证工作任务高质量完成。

（1）明确本人及下属的工作职责、任务要求和衡量标准，并加以记录。

（2）要求团队成员制订相应的个人工作计划，为下属提供相应的资料等，进行事先指导，保证下属拥有明确的工作思路。

（3）明确工作目标，合理分配工作资源，及时到位各种资源，对未到位的要查清原因，并提出相应的补救措施，必要时上报主管及相关工作人员。

（4）认真听取员工对自己工作实施情况的意见和建议，正确实施正向牵引，激发员工的工作热情和斗志，提高其工作参与度。

除了在工作中对员工进行目标明确的言传身教外，管理者还需要树立并弘扬明确的价值观，这是管理者建设文化、营造氛围最重要的任务。这种价值观，不仅指那些有利于催化智慧、创造业绩的观念与行为，更包括人性向善的道德修养和社会责任感，同时也包括指引个体追求有意义人生的理想。

1．多说也要多做

有句话说得好："思想决定行为，行为决定习惯，习惯决定性格，性格决定命运。"领导者要将无形的思想"有形化"，即树立明确的目标，阐明价值观的内涵，并深入人心；更重要的是体现在员工、事件、活动的管理过程中（如员工绩效沟通、年度先进评选、竞聘上岗等），将价值标准展现在管理活动中。企业倡导的价值观、部门营造的文化氛围，需要中层管理者既要"摆事实"，也要"讲道理"，结合工作特点、已经发生的事情，反复去做。

2．言传身教，严于律己

改变和强化员工的意识和观念，是很多管理者面临的巨大挑战。这不仅意味着要将弘扬价值观作为管理者的使命，更重要的则是实现自我管理，将学习、思考、实践、检讨、反省、磨砺作为自我提升的必修课，严于律己，以身作则。因此，培养人才同时也包含了管理者提升自我修养的责任，想要获得发展，必须在个人修炼与管理他人两个方面努力。

沟通能力对一个不断成长和发展的公司而言是十分必要的，带着明确的目标与员工进行沟通，可以避免言传身教所造成的扭曲和失真，同时可以极大地降低人员变动对管理工作所造成的影响。

正面引导：能做好多少呢

> 欲为君，尽君道；欲为臣，尽臣道。
>
> ——《孟子·离娄下》
>
> **释义**：要做君王，就要尽到做君王的责任；要做臣子，就要尽到做臣子的职责。

有人认为当好管理者是一件很容易的事情，更有的管理者认为自己已经做得很出色了。那么，管理者的存在价值究竟何在？其实，为做具体工作的人在立场、观点、方法上提供引导，这就是管理者的存在价值。在其位，谋其职，否则就是渎职。

管理者与被管理者组成的这个群体，最能体现一荣俱荣、一损俱损的世态，前者为后者圈定责任，后者则为前者提供了创造的灵感；前者教后者工作的方式与方法，后者则赋予前者存在的意义。管理者若是以这样的心态从事管理工作，那他肯定已经找到了自己准确的定位，为下属所拥戴。

1．创造条件，发挥下属的潜能

每个人身上都有着巨大的潜能。作为管理者，其使命就在于如何创造条件，以便最大限度地释放每个被管理者身上的潜能，使这个群体成为最具创造力的群体。若说具体一点，管理者更像一个导演，其全部才艺尽显于全剧的整体效果之中，好与坏全依赖于剧中的每个人物是否都被演绎得恰到好处。因而，管理者必须能够激发和释放员工的潜能，释放越多就越成功，换言之，也就是管理者做得越出色。

2．熟通人性

人与所有的动物一样，为了生存而寻求物质利益，这无可厚非。但人又与动物不同，人是一种精神性的动物，往往会在切身的利益之外，寻找一些特殊的价值，使自己的人生更加富有意义。人常常在欲望交战时无所适从，高超的管理者，却能在下属陷入当局者迷的窘境时，给他提点一下，帮他建立起自我管理机制。

荷兰某城市为解决垃圾问题而购置了一批垃圾桶，但由于人们不乐意使用垃圾桶，乱扔垃圾的现象仍十分严峻。该市卫生机关为此想了很多的解决办法。方法一：对乱扔垃圾的人罚款从25欧元提高到50欧元。实施后，没什么效果。方法二：增加街道巡逻人员的数量，成效亦不明显。后来，有人在垃圾桶上想办法：设计了一个电动垃圾桶，桶上装有一个感应器，每当有垃圾入桶，感应器就有反应而启动录音机，播出一则故事或笑话，其内容每两周更换一次。这个设计大受欢迎，结果是所有的人不管距离远近，都把垃圾丢进垃圾桶里，城市因而变得整洁卫生起来。

在垃圾桶上安装感应式录音机，丢垃圾进去播出一则故事或笑话，效果远比那些惩罚手段好得多，既省钱，又不会让人们感到厌恶，我们从中看到了人性化管理取得的良好效果。

同样，在安全管理中，如果只是硬性地规定员工应该做什么、怎么做，否则受怎样的处罚，结果往往是事倍功半。

现代社会是市场经济时代，企业讲究的是实力，其所支付的薪水都应该得到超值的回报。一个人，无论受过何种教育，只要能不断出色地完成工作任务，就会在企业中得到升迁。那又是什么决定了一个人能不断出色地完成任务呢？他们大多有这样一种很简单的信念："这事是交由我做的，我应该做得更好！"这就包含了一个人的全部自尊。

3．明辨事理

管理者不熟通人性，则无从管理；不能明辨事理，则无以立身。每件事都是立体的，都有其独特的表现形式，都有它发生和存在的理由，以及由生到灭的过程。在市场上搏击的现代企业，会遇到太多的险风恶浪，只有善于战胜风险，才能在竞争中胜出。善于战胜风险，不全靠上天赐予的绝顶智慧，而是靠企业管理者对具体事情的把握程度。

只有明辨事理，才能够正确地引导，这之间需要通过实践去检验，需要经过挫折和反复去做才能心领神会。说得过早、过多，反倒容易遏制下属的积极性，造就一大批庸才。因此要懂得有选择地提供引导，在最适当的时机和最佳地点为下属提供引导。

掌握方与圆的用人智慧

> 方若行义，圆若用智，动若骋材，静若得意。
>
> ——《新唐书·李沁传》
>
> **释义**：方如行仁义，圆如用智慧，动如施展才能，静如心领神会。文中的方圆（义智）动静，均是人的处事行为。

在企业中，领导要掌握方与圆的智慧。"方"指用人的原则性，包括用人的规范和范围，是用人的内在要求。"圆"指用人的灵活性，包括用人的技艺和策略，是用人的艺术形式。方与圆的智慧其实就是"方"与"圆"的辩证统一，也就是原则性与灵活性的有机结合。过于求"方"，可能有"迂腐"之嫌，会导致下级和员工敬而远之；过于求"圆"，则会有"圆滑"之嫌。出现这样的结果，都是管理者没有掌握方与圆的智慧的缘故，没有通过运用方与圆的智慧发挥人才的最大效益，是领导不称职的表现。

如果你想成为一名称职的领导，就必须做到"方"与"圆"的辩证统一。那究竟如何才能做到方与圆的统一呢？就是在管理过程中要方中有圆，圆中有方，方圆相济，方圆适应。具体地说，有以下几个方面。

1. 先圆后方

俗话说，"新官上任三把火"，作为领导者，一定要把这"三把火"烧出艺术感，不能烧得太急。因为这时即使自己有不少的好想法、好创意，由于对新环境不熟悉，也要经过一段时间的摸索才能逐渐进入状态，才能把自己的想法付诸实践。三把火烧好了，有利于领导者顺利打开今后的工作局面。先圆后方，首要的是人际沟通——与上级的沟通，与同级的沟通，与下属的沟通。重点在于调查研究，增进相互了解，逐步在领导活动中扩大用人权的使用范围，由圆而方。

2．外圆内方

外圆内方是指：在继承和模仿中融入己见，在容忍中纠错。对于前任领导的用人弊端既要有宽宏的肚量，又不能为求稳定而遵循守旧；对前任领导的成功用人之道，要继承和发扬，通过兴利除弊来形成自己的用人之道。

3．人方我圆

领导者要讲究人方我圆的用人艺术。这种用人艺术的重点在于充分调动人的积极性，也就是我们常说的用干部出主意。主意出得好，用人用得好，就可以让别人按照自己的意图主动去开拓创新，领导者只需适当介入，从旁指导，并不断地探索，不断地总结经验即可。

4．上圆下方

领导者对上级的工作意图要完全掌握，不能自行其是，应该把自己在用人方面的开拓与创新也纳入上级领导的范畴之中，做到原则性与灵活性相统一，这就是"上圆"。所谓"下方"，是指领导者用人必须坚持原则，排除各种制约因素，只要自己认准了的，就应当坚持到底，而不应畏缩不前。

5．腹圆背方

所谓"腹圆"，是指领导者在用人时应该海纳百川，善于接纳各种类型的人才，知人善任，不要害怕他们会"分权"。所谓

"背方"，是指领导者用人时要坚持标准，严格要求，公道正派。

6．近圆远方

所谓"近圆"，是指领导者在企业内部要知人善任。所谓"远方"，是指领导者在参与各种外界活动的过程中，要坚持站在本企业的立场上代表本企业的利益，这"方"是维护本单位以及本企业人才的合法权益，不能用损害他们的利益来换取别人的好感。

7．形圆神方

所谓"形圆"，是指激励员工时要注意手段和方法，并加以灵活运用。所谓"神方"，是指激励员工时必须坚持正确的原则，即针对不同需要，注重工作和人才本身，努力做到公正、公平。

8．方圆兼顾

企业是由复杂的群体组成的，人与人之间的各种争端和矛盾不可避免。领导者在处理争端和矛盾时一定要做到方圆兼顾，既要通情达理，又要合情合理，不能失之偏颇。只有方圆兼顾，才能公正；只有公正，才能平衡，才能减少人才的内耗与矛盾。

9．小圆大方

所谓小圆大方，即在整体和方向上坚持原则，在细节与局部上宽宏大量。领导者要把握好原则与细节、整体与局部的关系：一方面，求大同存小异，求"大方"而可"小圆"；另一方面，善于"委曲求全"，增加人才之间的相互依赖与信任。

10．表圆本方

"表圆"旨在保住新用人模式的认同基础，以免格格不入；"本方"旨在在继承中发挥自己的优势，形成自己的独特风格，把人才对前任领导的认同慢慢转移到自己身上来。

让自己"不可替代"

圣人之于民，亦类也。出于其类，拔乎其萃。

——《孟子·公孙丑上》

释义： 圣人对于一般的人，也是同类。但他的品德和能力都高出了同类，超出了同群。

企业有企业的品牌，产品有产品的品牌，那么，个人有品牌吗？当然有！我们经常听说某某能力出众、很得人心等，这就是个人的品牌。事实上，不只是企业、产品需要建立品牌，个人品牌同样是一个人宝贵的无形资产，其价值甚至高于一个人的有形资产，是无法估量的。

著名篮球运动员姚明由于球技精湛而被选入NBA（美国职业篮球联赛）2003年全明星首发阵容，这为休斯敦火箭队带来了空前的商机和人气，火箭队从姚明身上获得了巨大利益。姚明在NBA（美国职业篮球联赛）的生涯中，个人实际收入达到或超过18亿美元，相当于6万工人一年的工业增加值。若用于投资，可创造5万多个就业机会，而围绕姚明的产业开发，超过11亿美元。这里讲的就是个人品牌的价值。

建立个人品牌，是每一个团队领导者都应有的职业追求，同时也是立身之本。个人品牌将为你贴上"卓越"的标签。个人品牌知名度越高，给团队带来的凝聚力就越强。

作为团队的领头人，必须让自己表现得不可替代，才能成为下属心目中最重要的人，并使他们愿意时刻跟随你。

电影《青春制造》是根据真人王洪军的故事改编的。王洪军是中国一汽大众汽车有限公司的高级技工，他和车间里的普通工人没有什么两样。的确，王洪军个子不高，貌不惊人，他参加工作10多年，一直在一汽大众焊装车间一线工作。然而，就是这样一位普普通通的工人，却有令人想不到的一番作为。

王洪军在1990年毕业于一汽技工学校，毕业后在一汽大众焊装车间做钣金整修工。钣金整修工作技术含量要求非常高，最初，公司的钣金整修主要是由4个德国专家负责，中方员工打下手，递递工具，干点小活。王洪军一边打下手，一边练"手"。他跑图书馆翻阅相关资料，到书店买专业书，自学热处理、机械制图、金属工艺等专业知识，对照书本反复操练。经过几个月苦练，他终于修好了一台车。经检测，这台车在钢板厚度、结构尺寸等方面完全符合标准。王洪军又自己琢磨做工具，先后制作了Z形钩、T形钩、打板、多功能拔坑器等整修工具40多种、2000多件，满足了各种车型各类缺陷的修复要求。王洪军在发明制作工具的同时，着手总结快捷有效的钣金整修方法，创造出了47项、123种实用又简捷的轿车车身钣金整修方法——"王洪军轿车表面快速修复法"。

可以说，王洪军在平凡的岗位上做出了不平凡的成绩，而这不平凡的成绩来自他认真负责的精神。

很显然，王洪军用他卓越的表现为自己树立了个人品牌，他也成为带动团队发展的关键力量。作为团队的掌舵人，为了让自己成为团队的顶梁柱，就要努力提升自己的价值，使自己成为那个不可或缺的人。我们在平时工作之余，不妨问问自己："我是不是不可或缺的人？在这个团队里我有什么安身立命的资本？"如果回答不是特别肯定的话，我们就要加油，赶快给自己充电、回炉，成为团队不可替代的人。

作为管理者，一定要让自己不可替代，只有具备了精湛的专业技能、独具特色的工作风格和高尚的人品，团队成员才会不离不弃，你才能带领团队不断向前跨越。

第三章

知人善用，扬其长避其短

知人善任的能力不可少

夫有贤而不知，一不祥；知而不用，二不祥；用而不任，三不祥也。

——《晏子春秋·谏下》

释义：（国家）有了贤人，（国君）却不了解他，这是第一种不吉之兆；了解了却不任用他，这是第二种不吉之兆；任用了却不信任他，这是第三种不吉之兆。

人才对于企业而言至关重要，优秀的领导者要具有一双"慧眼"，善识人才，善用人才。在激烈的企业竞争中，只有知人善任才能战无不胜。

"知人"是"善任"的前提，用好人才，首先需做到"知人"。所谓"知人"，不仅应"知"人才的长处和短处，而且要"知"人才的过去、现在和将来。例如，有的人雄才大略，既有战略眼光，又有组织才能，可以放在决策部门担任领导工作；有的人思想活跃，知识面广，综合能力强，既有真知灼见，又能秉公直言，可以担任智囊参谋部的工作；有的人铁面无私，耿直公正，执法如山，心系群众，可以从事监察工作；有的人社交能力强，适合采购、推销部门；有的人语言表达能力强，适宜放在宣传教育部门。

所谓"善任"，就是选拔人才。任用人才时，领导者要善于发挥人才的长处，克服其短处。要调动人才的积极性，从各方面为人才才能的充分发挥创造条件。人有共性，也有个性，每个人既有与其他人相同的地方，也有其独特的地方。如果领导者能用人所长，那么他就能大显身手；如果领导者用人所短，勉为其难，那实在是不明智之举。

蜀国开国皇帝汉昭烈帝刘备就是一个知人善用的人。刘备能凭借他人的谈吐和做事风格，就能断定这个人在哪些地方拥有才能，从而发现并提拔了魏延、邓芝、马忠等人，使他们得到了重用，发挥了自身的才能，并为蜀国的建立与发展立下了汗马功劳。

比如，在汉中之战后，刘备虽然打败了曹操，夺取了汉中，但是需要一位有才能的人在此地镇守，以防曹操的再次进攻。

刘备在安排汉中太守人选的时候，没有选自己的心腹三弟张飞，而是选择了一个小小的牙门将军魏延，这在当时让全军上下都很不理解。但是，后来的事实证明了刘备的眼光，在魏延镇守汉中的近十年中，曹魏军队不能进入汉中半分，大大地保证了蜀汉政权的稳定。

值得一提的是，刘备的用人智慧完全是建立在"知人"的基础上的。比如，刘备在自己即将离世的时候就对诸葛亮说："马谡此人善于夸夸其谈，只会纸上谈兵，不可予以重任，你要对他多多观察。"但诸葛亮并未听从刘备的建议，让马谡担任重职，最终不得不吃下北伐失败的苦果。

现代企业管理中也存在不少误区，一些领导为了彰显自己对人才的重视，刚开始的时候就授予这些人很大的权力，并给他们极高的福利待遇。

尽管这些领导者顺利地留下了人才，但是其带来的消极作用也非常明显：第一，很多人来到企业并不是真的来做事，而是看中企业在招聘时开出的职位或待遇，他们或许并不认同企业的价值观；第二，享受这些优待的人会有一种莫名的优越感，心态会扭曲，不利于形成踏实的工作作风；第三，其他下属并不一定听从他们，从而不利于人才权威的树立和企业共同理念的形成；第四，由于缺乏经验或者对企业的实际不了解，这些人才难免在工作中出现失误，通常这些工作失误对他们来说危害很大，因为这会使得企业对他们的期望值下降。

因此，企业领导者若想发挥人才真正的潜能，就必须做到"知人善任"。

领导者只有充分做好人才的知人善任工作，才能发挥人才的潜能，为企业发展贡献一份力量。反之，则会阻碍企业的发展。

人岗不匹配是人才资源的浪费

> 然则才固难矣，犹时时有之；而惜才者则千古未见其人焉。
>
> ——李贽《焚书增补二·寄答京友》

释义：这样那么，人才固然难得，但每一个时代都是有的，而爱惜人才的人则很久没有见到了。

有一个农夫，用积攒了多年的钱在市场上买了一匹千里马，把马拉回家后却发现没有可以用千里马的地方，于是便让它和一头驴子一起拉磨。用千里马来拉磨是大材小用，并且用千里马来拉磨也不得其便，拉磨的效率也不高。农夫很生气，就用鞭子使劲儿抽打它，想让它快点，谁知千里马竟被打死了。

有了这次教训，农夫不再买千里马了。为了和驴子搭配，他又买回了一匹骡子。骡子和驴子搭配很和谐，拉起磨来，搭配得很好，磨坊的工作效率很高。

有一次，农夫突发急病，需要立即送到城里救治。家人急忙拉出了骡子，但是骡子在磨坊里待习惯了，不论农夫的家人怎么抽打它，它都跑不快。抽打得急了，骡子就更加放慢了速度，最后索性在原地转起圈。最终农夫延误了治疗时机，落下了后遗症。

千里马很优秀，但是因为被安排在不合适的位置，活活被折磨死。骡子本来也很优秀，和驴子搭配起来拉磨效率很高，但是却被临时用来拉马车，可这本是千里马的长项啊。

这个寓言故事所反映的现实经常发生在我们身边。没有最好的人才，只有最合适的人才。优秀的团队管理者要做的就是将合适的人才放在合适的位置，人事和谐才最恰当。

俗话说"没有平庸的人，只有平庸的管理"。传统的管理把人看成工具，仅仅按部就班安排人的岗位，结果许多不善言辞的员工被安排去外联，而善于表达的员工被安排做机械性工作……知人善任对于管理者来说非常重要，让自己的下属去做他们适合的工作，这样才能实现人岗匹配、人事和谐。

有的员工细致谨慎，有的员工效率很高，有的员工非常善于处理人际关系，有的爱表现，有的好安静……总之，员工的类型多种多样，管理者需要做的就是人尽其才，才尽其用。作为管理者，要懂得把适合的人才安排在适合的岗位上，做到资

源的优化利用。

一个团队需要不同岗位人才的配合，才能最终实现良性发展。但如果优秀的人才没有被放到合适的位置，团队的运营也会出现问题。

为了扩大规模，某团队高薪招聘了10多位优秀的人才，优越的工作环境、高薪的挑战等都让这些人充满斗志。然而，不到半年的时间，看似强大的团队却问题频出，团队的工作效率也不高……

这样的情况在不少团队都很常见。人才在某方面具有一定的能力，并不表示管理者就能利用好这些人才。作为管理者，要能够认清不同员工之间的差异，找到他们的特点与优势，这样才能合理安排任务，让他们在最适合的岗位做最适合的事。

对于管理者来说，在用人的时候不仅要学会慧眼识人才，选择合适的人才为公司工作，更要把优秀人才放到合适的岗位上，发挥他们应有的作用。

一个人只有处在合适的岗位上，才有可能干得好，才能把自己的能力发挥出来，为团队做出最大的贡献。

某酒店是一家豪华连锁酒店集团，在世界各地都有自己的酒店及度假区。人才，则是这个酒店成功的关键因素。

这家酒店总是专注于寻找团队最需要的人，然后把他放在最合适的岗位上，从而为团队创造出最大价值。这家酒店用人最大的特点就是无论是高学历者还是普通学历者，包括"海归"，都需要从基层开始做起。酒店负责人李先生认为，好的员工，哪怕是把他放到最基层的位置上，过一段时间，肯定也会比其他人"跑得快"。

正是对员工的精雕细琢，使团队充分了解到员工的特点、特长、能力和发展潜力，无论员工晋升还是调岗，团队总是能以最快的速度实现人岗匹配，从而保证酒店不因为人员的调动而降低组织运行效率。

优秀的管理者重视人岗的匹配问题。管理者应对人力资源进行合理配置，合适的人在合适的岗位上工作，这将会使得员工的工作绩效、工作满意度、出勤率等得到提升，从而提高组织的整体效能。不大材小用，也不小材大用，量才而用方是正确之道。

人岗匹配才能使人才发挥最大价值，为团队创造更多效益。但是，要想更好地实现人岗匹配，首先要做的工作就是了解人才和工作的特性。只有了解人才和工作的特性，才能在人才使用上有的放矢，配置合理。

因人设事会造成削足适履

蓄鱼于树，栖鸟于泉。

——《南史·吴庆之传》

释义： 将鱼蓄养在树上，让鸟栖息在水里。比喻用人不当。

因人设事，有很多的弊端。

（1）人际关系更为复杂。企业的人际网络太复杂，就会使企业止步不前，失去竞争力。

（2）企业的具体工作没有程序。

（3）本末倒置。

（4）有能力的人才受到扼杀、排挤。

（5）岗位职责不明确。

管理者要想摆脱因人设事的陷阱，就要考虑以下几点。

1．因事设人

企业内部有了工作需要再去设置职位，安排人力，这样可避免人员的重复使用，或者对岗位不适应。因事设人的标准有三：一是摸清员工，二是把控全局，三是做出实效。

2．明确岗位设置

管理者如果给岗位设置明确的标准，以后都按照标准办事，就会有章法可循。管理者应该用一个企业的目标去衡量人才，这样会使人员分配合理，而不会出现因人设事的情况。只有设定标准之后，因事设人才能真正比因人设事效率更高。

3．设定人才评判标准

人才，只有在合适的位置才能显出其才能，如果只看到了人才的某一方面的优点就对其大为重用，那么人才也就不能称为人才了。在不合适的岗位上，还可能会使人才失去优势上的自信。

4．重视员工的反馈意见

员工们干的是具体的工作，适合不适合他们自己是最清楚的。重视他们的需要，倾听他们的反馈，会帮助管理者评判自己的岗位安排是否恰当。

5．营造和谐的工作环境

良好的工作环境会给员工带来轻松愉悦的心情，他们会觉得工作前景很好，因而乐于工作。

经营公司如同下棋，只有掌握一定的规则和技巧，才能使每个棋子在其相应的位置上发挥功用，为全局的胜利争取机会。相反，没有规则和技巧，这些棋子就会成为一盘散沙，失去战斗力。

作为一名管理者，要以企业目标为自己的行为指南，那么就要在"因事设人"的原则指导下，逐步使员工的分配合理，给企业储备人力资源。"因事设人"是企业领导在任何时候都应该一以贯之的用人原则，否则这个企业就是一盘散落的棋子，毫无竞争力，其结果不堪设想。

合理搭配，干活不累

> 用众人之力，则无不胜也。
>
> ——《淮南子》
>
> **释义**：运用众人的力量，就没有不能战胜的。

一个团队里必须包含各种各样的人，这样的团队才能有活力。

如果整个团队都是严肃的人，团队的气氛可能就比较压抑；如果整个团队都是老年人，团队可能就失去了活力。

对于管理者来说，合理搭配用人是值得关注的事情。管理者在使用人才时，应重视人才的合理搭配，使团队内各种专业、知识、智能、气质、年龄的人员，组成一个充满生机的整体优化的人才群体结构。这样做，不仅能充分发挥每一个人的个体作用，而且可使群体作用功能达到1+1＞2的效果，并在整体上实现最佳的客观功能。

团队中的每个人如果能够在自己的岗位上发挥所长，斗志昂扬地工作，内心的不满必然减少，矛盾也就自然化解。

清代有一位将军叫杨时斋，他认为军营中没有无用之人：聋子，安排在近旁当侍者，可避免泄露重要的军事机密；哑巴，可派他传递密信，一旦被敌人抓住，除了搜去密信，再也问不出更多的东西；瘸子，宜命令他去守护炮台，可使他坚守阵地，很难弃阵而逃；盲人，听觉特别好，可命他战前伏在阵前听敌军的动静，担负侦察任务。

杨时斋的观点虽有些夸张，但说明了这样一个道理：任何人的短处之中肯定蕴藏着可用之长处。

在现代团队中，管理者也应当善用有短处的员工，让每一个曾经被看作"污水"的人，也能够最终成为团队中的"美酒"员工。

10位只懂物理学的物理学家，只不过具备物理才能；而由数学家、物理学家、化学家、文学家、经济学家、工程技术学家等组成的10个人的群体，就会产生更大的能量。除了知识、才能要互补外，还有年龄、气质、个性等方面也要互补。

如某一个单位，只有高级工程师或工程师，而缺乏助理工程师和技术员。那么这些高级工程师和工程师就会花费时间和精力来忙于本来应由助理工程师和技术员担当的工作，这就是高级、中级、初级知识水平的人才不配套所造成的人才浪费。

俗话说："男女搭配，干活不累。"这种情形并不是说恋爱似的情感或者寻觅结婚对象，而是在同一办公室中工作，如果掺杂异性在内，彼此情感在不知不觉中就会融洽许多。大多数人都认为办公室内若有异性存在，就可缓解紧张、调节情绪。像这种男女混合编制，不但能提高工作效率，也可成为人际关系的润滑剂，对矛盾产生缓冲作用。

此外，团队必须有一个梯形的年龄结构，应由老马识途的老年，中流砥柱的中年和奋发有为的青年这三部分人组成一个具有合理比例、充满希望的混合团体。只有这样，才能发挥其各自的最佳效能。

大多数团队均选用年轻下属工作，却不考虑老、中年下属也有其优点。比如，在一个行业里工作多年的下属，必然对该行业有很多见解，就像一本活的字典，有着丰富的宝藏。

由于个人的生活环境存在差异，自然形成了性格、素质的独特性。有的人办事迅速、行动敏捷；有的人沉着冷静，勤于思考；有的人感情内向，做事精细、耐力持久等。

可以说，懂得合理搭配人才的管理者才能称为优秀的管理者。

疑人不用，用人不疑

疑则勿用，用则勿疏。

——白居易《策林三·君不行臣事》

释义：如果对其信不过，就干脆不要任用；一旦任用，就不要随意猜疑。指用人贵在信任。

"疑人不用，用人不疑"的核心就是"信任"。作为一个合格的领导者，具备这样的用人之道，毫无疑问是其最基本的素质之一。但是，在具体运作的时候，很多人会觉得真正做到这一点十分困难。

　　与员工建立良好的信任关系，是很多领导者想要达到的一种理想的用人状态。问题的关键是：你如何在用权的同时又赢得下属的信任，或者如何使下属对你的权力支配心甘情愿地服从呢？有些领导者之所以紧抓权力不放手，其中一个重要的原因就是不信任下属，怕下属办不好事情。因此，领导者放权的一个前提就是信任下属。没有信任，上下级之间很难沟通，很难把一件事处理好，领导用起人来，就很困难，甚至处处受限。

　　信任下属，必须用人不疑，疑人不用。这就是说，必须是在可以信任的基础上用人，否则就应该弃而不用。因为没有信任感地用人，即使委以重任，也是空架子，起不到应有的作用。

　　"疑人"是必要的，但不是"用人"的前提。假如一个员工缺点很明显，已经属于"疑人"范围，要么弃而不用，要么等到条件成熟后再用，不必非要勉强去用，这是常识。

　　日本人曾盛誉松下公司创始人松下幸之助为"用人魔鬼"。他在用人方面就很有手腕。松下幸之助是一位在日本企业界乃至全世界的企业家中大名鼎鼎的人物，被誉为日本的"经营之神"。在日本现代企业经营史上，获得成功的大小企业家数不胜数，但只有松下幸之助一人被誉为"经营之神"。之所以如此，是因为他不仅是一个白手起家的成功者，而且是一个优秀的企业经营思想家。

　　松下幸之助的成功，与他的用人之道分不开。松下幸之助可以称得上是"用人不疑，疑人不用"的企业家典范。他的秘笈之一，就是充分相信自己的下属，最大限度地调动他们的工作热情和积极性。

　　在松下幸之助还只是个20岁的小伙子时，他对人的理解就已经达到了相当高的水准。当时日本流行一种用沥青、石棉和石灰等构成的烧制材料。为了维护各自的利益，一般的企业都把这种烧制材料的制作配方作为企业的秘密严加保护，除了亲属绝不外泄。

但是，年轻的松下幸之助却一反常规，他不仅不对自己的员工保守秘密，而且还毫不犹豫地将技术传授给刚招进厂的新职工。有些人很为他担心，松下幸之助却不以为然地说："只要说明原委，新职工是不会轻易背信弃义随便向外泄露秘密的。人与人之间最重要的是相互信任，否则不仅事业得不到发展，也无法造就出人才。"结果，他的工厂不仅没有发生泄密的事情，而且还收到了良好的效果，职工因受到信赖而心情舒畅，生产热情高涨。

这件事也让松下幸之助初次尝到了用人不疑的甜头。后来松下幸之助为了扩大市场，需要在西海岸的金泽市开办一家营业所推销产品，为此他必须派出一名主任领导这项工作。在营业所主任的人选上，他看中了一名初中毕业、参加工作才两年的年轻人。别人认为这个小伙子没有经验，资历也不够，但松下幸之助坚持己见，破格提拔他为主任。

松下幸之助对这个年轻人说了这样一段话："你已经20岁了，这个年龄在古代已是武士到阵前取回敌方大将首级的年龄了。你也有了两年的工作经验，一定可以胜任这个职位。至于做生意的方法，你认为怎样做对，你就怎样去做。你一定会干好的，你要相信自己。"

结果，这个年轻人因为松下幸之助的充分信任而激动万分。他信心十足地率领他的两个学徒在新的地点拼命工作，不仅很快打开了局面，而且获得了极大的成功。

这件事一直是让松下幸之助最为自豪的往事。松下幸之助从这件事得出了这样的结论:"人只要有了自觉性和责任心,就有力量去完成乍看起来好像不可能完成的困难任务。"

松下幸之助的用人之道至今在日本的企业界被到处传诵着。他的成功,除了具有胆识和魄力以外,还主要源于他对人的了解。只有充分了解各种各样的人,才有可能从中发现人才,并将其放到能发挥作用的地方,合理使用人才。

人才与否,要看放置的位子

橘生淮南则为橘,生于淮北则为枳,叶徒相似,其实味不同。所以然者何?水土异也。

——《晏子春秋·杂下之六》

释义: 橘子生长在淮河以南的地方就是橘子,生长在淮河以北的地方就是枳,只是叶子相像罢了,果实的味道却不同。为什么会这样呢?是因为水土条件不相同啊。

德国管理界有一句名言:"垃圾是放错位置的人才。"这句话揭示了最简单的道理:是不是人才,关键是看把他放在什么位置上,让他去做什么事,只要他在这个位置上能够做好,做出成绩来,他就是人才。

当今的社会,人人都可能是人才,但一定是放对了地方的人。而没放对地方的人,就不是他正在工作的岗位所需要的人才。因为,他们真正的能力或许与自己的岗位要求并不相匹配,因而不能使自己的价值得到最大程度的发挥，同时也不能在工作中创造效益，自然也就不是什么人才了。

古语有云："骏马能历险，耕田不如牛；坚车能载重，渡河不如舟。"读过《水浒传》的人，可能对书中两个人物的印象比较深刻，一个是号称"黑旋风"的李逵，另一个是"浪里白条"张顺。李逵武艺高强，张顺与他在岸上比武，怎么也不是他的对手。可是，张顺引李逵到水里比试，结果张顺如鱼得水，占了绝对上风。

李逵和张顺在不同环境下的表现截然不同。可见，人各有所长，也各有所短，所长与所短是相对于一定的环境和条件来说的。

一位优秀的团队管理者，假如把每个下属所擅长的方面有机地组织起来，就会给团队的发展带来意想不到的整体效应。因此，高明的领导者应趋利避害，用人之长，避人之短。

三国时的魏国能够成为最强盛的国家，与东汉后期曹操的知人善任是分不开的。当时曹操身边人才聚集，奠定了魏国强盛的基础。

公元215年7月，曹操西征张鲁，东吴孙权见有机可乘便率军攻打合肥。当时镇守合肥的是张辽、李典、乐进三员大将。这三个人无论资历、能力、地位、职务都是旗鼓相当，不相上下。

也正因为如此，三个人互不服气，谁也不愿意成为被统率的人。面对孙权的大军，三人在是战是守，以及谁为主将、谁为副将的问题上一直不能取得一致意见。曹操经过深思熟虑，依据三人的特点，做了如下安排："若孙权至者，张、李将军出战，乐将军守城。"一开始，三人对于曹操的安排都有意见，但最后迫于曹操的军令，不得不以大局为重，各负其责，协调一致，最终大败孙权。

正所谓"知人者智"，曹操能让三人扬长避短互相配合，可见曹操善于用人之一斑。他最终能够雄霸天下，和他对人才的运用也是分不开的。

世上没有绝对无用之人，只有没有用好的人。正如唐代大诗人李白所言："天生我材必有用。"领导干部的任务在于，努力发现每一个人的闪光点并恰当地加以利用。

在常人眼中，短就是短，而在有见识的管理者看来，短也是长，即所谓"尺有所短，寸有所长"。在成功的管理者眼里，人才通常都会具有很多特点，要用人之长、避人之短，关键在于你如何去用他。

韩滉，字太冲，京兆长安（今陕西省西安市）人。唐朝中期政治家、画家，太子少师韩休之子。他历仕唐肃宗、唐代宗、唐德宗三朝，为官清正，且以知人善任著称，下面讲述的故事发生在他镇守三吴、担任观察使期间。

一日，韩滉一个老朋友带着儿子前来投奔他，想让韩滉帮自己儿子安排一份职位，以求生存。韩滉便问这个小伙子有何特长。小伙子语焉不详，回答得不清不楚。韩滉一时想不出有什么合适的职位可以让小伙子干，只好先安排他住在自己家中，准备日后再说。

有一次，韩滉设宴待客，由于人手不够，就让这个小伙子当陪客。酒宴进行了一个时辰，小伙子却始终正襟危坐，一副不为所动的样子，不去陪伴左右客人，客人们看到他派头十足，以为是个大有来头的人物，也不敢贸然上前攀谈，因此搞得宴会的气氛十分尴尬。见小伙子如此木讷，不善于交际应酬，韩滉暗自懊悔自己用人不当。

又过了几日，下属向韩滉报告说，军需库的管理人员已经更换了好几次，但怎么也无法制止物资的丢失。原来韩滉手下的军需库储备着大量的兵器和物资，军需库管理是个肥差，会受到各方面的关注与拉拢，守库人员一上任，用不了多久就与形形色色的人混熟了，最终就会导致众人同流合污，军需库的财物亏空。

对于该让何人去管理军需库才能让人放心，韩滉一直头痛不已。忽然，韩滉眼前浮现出那个在酒宴上正襟危坐的小伙子，不禁大发感慨："对呀，眼前不就有个最合适的人选，我怎么早没有想到呢？派这个小伙子去管理军需库，肯定再合适不过了。"

小伙子接到韩滉派他管理军需库的任命后，每天清晨就前往军需库，永远是一丝不苟地将里里外外全部认真巡视一遍，然后便端正古板地守在军需库门口，直到日落西山。这段时间里他除了处理公事，从来不与他人闲聊，更别说与人攀谈交情了。

自从小伙子接任管理军需库的工作之后，军需库就再也没有发生闲杂人等随便出入，以及财物丢失的现象。

管理者应注重发现人才的长处和优点，合理地使月、培育人才和留住人才，营造有利于人才发展的环境和文化。

管理者还应注意，企业所需要的不一定是最优秀的人，但一定是最适合这个岗位的。人才的使用要因岗而设，因为只有最合适的才是最好的。

敢于用比自己强的人

> 善用人者为之下。
>
> ——《老子》
>
> **释义**：善于用人的人，总是非常谦卑，从不自高自大。

敢不敢用比自己强的人？这恐怕是很多领导者在用人过程中遇到的最大的挑战，同样也是很多老板最容易犯错误的地方。

"他都比我强了，那在别的员工眼里，他是老板还是我是老板？"很多领导者陷入误区：

（1）别人比自己强就意味着自己不称职，也就意味着会在员工心目中失掉威信，大家会认为自己做不了老板；

（2）有人比自己强，那他一定会觊觎自己的位置，会想着取而代之，自己不能养虎为患；

（3）能力强的人或多或少都是有野心的，等他强大后或许他会自立门户，自己为何还要给他创造机会，多个强劲的对手呢？

在这种心态的支配下，领导者往往就希望别人无限放大他的才能，而他自己却无限缩小别人的才能。当员工工作取得较好的成绩，获得更多员工的支持时，领导者就会觉得他们威胁到他的领导权。领导者若有这种心态，其言其行势必会严重挫伤这些员工的积极性。

其实，一个优秀的领导者想获得成功，不是要尽全力压制下属，而是要想方设法雇用比自己优秀的人，重用他们，让这些优秀的人才效忠自己。

　　全球连锁零售企业沃尔玛的总裁李·斯科特，就是一位敢于聘用比自己更强的人的领导者。1995年，斯科特雇用了一个名叫迈克·杜克的员工负责物流工作，并向自己汇报。后来，迈克成为沃尔玛的副主席。

　　就在迈克升任物流部门负责人的同时，斯科特自己也升职了。那一天他正在法国，忽然收到了一封传真，他被调任为新的销售部总经理。

　　这让斯科特很惊讶，之前他一直负责物流和仓储运输工作，并没有参与过买方工作。于是他就问老板为什么要自己来负责全球最大零售商的销售，得到的答复是：因为斯科特可以找到一名员工，做得比自己还要好。即使斯科特把销售部弄得一团乱，至少还有迈克可以让物流部保持原样！

　　斯科特一直坚持认为是因为自己雇用了比他优秀的人，他才能够走得这么好。

　　要想成大事，就应该像斯科特一样，把比自己优秀的人招揽到自己旗下，并重用他。

　　美国的钢铁大王卡耐基的墓碑上刻着这样一句话："一位知道选用比他本人能力更强的人来为他工作的人安息在这里。"卡耐基之所以成功，正是因为他善用比自己强的人。在现代社会，领导者更需要有敢于和善于使用比自己强的人才的胆量和气魄。

　　领导者要想成功，除了具有敢用比自己强的人的气魄外，还要具备以下三点。

1.足够的胆量

　　用比自己强的人，往往会产生一种技不如人的危机感。作为一名领导，要有胆量克服妒贤嫉能的心理。有些人生怕下级比自己强，怕别人超过自己、威胁自己，并采取一切手段贬低别人、抬高自己，这种人永远不会成为优秀的领导者。所以，领导者要敢用和善用比自己强的人，一定要具备足够的胆量。

2．容人的雅量

优秀的人才最可贵的地方常表现在他有主见、有创新能力，不随波逐流，不任人左右。真正的人才需要具备很强的创新能力，能为团队带来绩效以及为领导打开局面，甚至其作为超过领导者。然而，他们也并不是完人，所以领导者还要具备容人的雅量。

3．允许失败

失败是成功之母。尤其是在创造性的工作中，失败是经常发生的，不能因为他们强就不允许他们失败。

领导者在敢用比自己强的人的基础上再做到以上三点，就能真正保证企业在市场上拥有持久的竞争力，收获成功。

发挥员工的自我管理能力

夫子循循然善诱人，博我以文，约我以礼，欲罢不能。

——《论语·子罕篇》

释义：老师善于有步骤地引导我们，用各种文献来丰富我们的知识，用礼来约束我们的行为，我们想要停止学习都不可能。

有研究表明，现在很多工作的人都不愿意被人监管，但同时他们却缺乏在没有监管的条件下工作的自我约束力。很多企业都在革新，对各个层次员工的自主性提出了更多的要求。而这导致一种尴尬的局面，对基层管理者而言尤其如此。比如下面这个案例。

　　赖布烦躁地问莫语："这些日子，我雇用的年轻人全令我不放心。莫语，你也有相同的问题吗？"

　　莫语是和赖布平级的一位经理，她也深有同感："我必须时时过问他们的工作。我把项目交给他们中的一个，外出一天回来时，他却什么都没做。类似的事发生过很多次了，你简直不敢相信。"

　　"我们该怎么处理这种事情呢？我想，他们给我完成的工作量，最多只有8—10年前的人给我完成的工作量的80%左右。"

　　"我也希望知道该怎么处理。我威胁他们，可一点用处也没有。而且，每当我发现一个能干的人，很快他就跳到别的地方去了。"

　　这两位经理并不清楚自己的问题。他们的员工可能是缺乏工作动力和责任心，也可能缺乏他们希望获得的良好培训。但这些都不是问题的关键所在，关键问题是他们的员工缺乏自我管理技能。员工不知道如何安排自己的时间和工作。而很多员工不对自己进行管理的原因在于他们不知道如何管理。

　　缺乏自我管理可以说是一个能力问题。如果员工缺乏这种能力，当他们未能实施自我管理时，训斥他们或放任自流都不是好办法。

　　如果没人培训员工自我管理的技能，其他任何手段都是无用的。那么如何才能培养员工的自我管理技能呢？

1．进行自我管理的培训

　　这种培训，有时不一定被称作"自我管理"培训，但已在很多企业广泛地开展起来。培训目的：教会员工合理安排自己的工作和时间，制订务实的计划并予以遵守，设定目标并激励自己实现它们。

如果你的员工缺乏自我管理技能，就该组织他们进行培训。他们能够互相帮助，学会运用这些技能，也能够在培训中学会相互协作。但不管你会怎么做，都应该立即开始这项工作。

2．要求员工学会自我管理

你可以对需要进行自我管理的员工提要求，鼓励并支持他们在工作和业余时间学习和参加培训课程，增强个人竞争力。

3．鼓励员工实践自我管理技能

好的培训还需实践检验，如果没有及时实践的机会，员工们会很快把所学的知识忘得一干二净。做好培训后的实训，这样当他们回来工作时，就能运用学会的技能了。员工完成培训后，你可能就已经为他们准备了实训任务，员工会自觉地将所学知识在实训中进行验证。比如，你可能会要求一位员工起草一份计划书。如果你有其他善于自我管理的员工，还可以让他提供一些帮助。你要做的是，让员工运用学到的东西，在实践中反复训练。

4．认可员工的进步

员工自我管理是否进步是你该留意的，不管这一进步多么微小你都应该重视。是不是有人以前对基础工作一无所知，而现在却学会很多操作技能？留意这些，并对这位员工的成绩表示认可。

不仅如此，还要对员工的每一次进步都予以认可。在员工越来越擅长进行自我管理之后，可以慢慢减少这种认可——但必须保证他们能够继续运用这些技能，并在他们成功运用时予以认可。与此同时，你还需要时时提醒员工：你们从头开始一直坚持下去，已经取得了很大的进步。

5．培养团队

当越来越多的员工非常擅长进行自我管理之后，让他们来帮助训练那些还不会自我管理的员工。这样做，你能够得到更多的回报。那些员工不仅提升了自我管理能力，还能够帮助你培训其他人。因为自己曾经有过这样的经历，他们更懂得怎样来帮助那些新员工。

任何优秀的管理者都应牢记：管理和培训新员工的关键就在于教他们如何进行自我管理。当你让员工有了自我管理的能力时，公司的效益将会大跨步式地发展，甚至不再需要指挥领导员工，因为员工已经具备了良好的自我管理能力，自然就能让公司更好地发展。

用人不拘一格，不论资排辈

我劝天公重抖擞，不拘一格降人才。

——龚自珍《己亥杂诗·其一百二十五》

释义：我希望上天重新振作精神，不要拘泥一定规格以降下更多的人才。

闻鼙鼓而思良相，人才的重要地位和作用，在一切团队管理中都是举足轻重的，善于用人是领导者必备的素质之一。团队要想在竞争中获胜，就要有大批真才实学的人才。要想群贤毕至，就需要领导者在选任人才时不模式化，要敢于打破文凭、资历、年龄这些条条框框，任人唯才，唯才是举，只要有才就应为我所用。

1．不看年龄

据统计，人的一生中，25～45岁是创造力最旺盛的黄金时期，被称为创造年龄区。如果领导者不敢重用年轻人才，那么既会耽误年轻人才的前程，也会不利于自己的事业。当然，用人不计较年龄并不是说"唯小是举"，还是要唯才是举，只要有才，都可为我所用。

领导者用人千万不能以年龄为标准一刀切，假如你制定了一个53岁就不能再提拔的规则，那么50岁出头的人工作态度肯定要大打折扣。"年龄是个宝，能力做参考"就是讽刺用人唯年轻化的现实，领导者不能不引以为戒。

2．不拘小节

领导者用人用的是才，只要这个人能帮你做好事情，就不应该求全责备。人才的那些高傲、偏执、好强的性格缺点以及邋遢、懒散等行为习惯完全可以忽略不计，至于那些嗜酒、好色、贪财的毛病，也可以予以宽容，但要注意将其控制在一定的范围内，不至于酿出大祸。

> 著名将领吴起在离开鲁国后，听说魏文侯很贤明，就想去投奔他。魏文侯问大臣李克："吴起这个人为人怎么样？"李克说："吴起贪心且好色，但是他用兵的能力连司马穰苴也不能超过他。"于是魏文侯就任命吴起为将军，率军攻打秦国，果然，他骁勇无比，连克五座城池。

但凡优秀的领导者都懂得人无完人的道理，在识人用人的时候不拘小节，看重才干。如果想要发展，则必须依靠有才干的人来冲锋陷阵。

3．不看外貌

人有美丑之分，但长得丑不是一个人的错，更不能说明这个人无才。《三国演义》中的张松、庞统，虽然人长得丑但是很有才。如果一个领导者只因为一个人看起来不顺眼，"咔嚓"一下把此人的才能否决了，那绝对是识人的错误。

一个人才既有好看的外表，又有满腹才略当然最好，然而相貌丑陋、才华横溢的也于大局无妨。领导者用人是要用他的才，而非他的貌，千万不可本末倒置。

4．不分亲疏

不任人唯亲，要唯才是举，这样的话说起来简单，但领导者要真正做到又是何等艰难。只有具有顽强的意志和极高的情操，才能克服私心、私欲，真正做到任人唯贤。卡尔诺将军在拿破仑执政前，曾竭力反对拿破仑当"第一执政"和皇帝。几年后，当他愿为拿破仑效力时，拿破仑即刻任命他为安特卫普总督，之后又提拔为内务大臣。知人善任，不拘一格，使拿破仑成了统率劲旅、横扫千军的旷世伟人。

5．不藏私心

领导者要避免用人唯亲的错误，就要做到"内举不避亲，外举不避仇"，要有公正之心，不能藏有私心，不能为了立山头、拉帮派或者打击异己而失去了公正。领导者能否做到公心选才，既关系到人才的命运，也关乎自己的命运。如果领导者只凭个人好恶、亲疏、恩怨、得失来识人用人，一方面会使德才平庸、善于投机取巧的人得到重用，另一方面又会埋没一些德才兼备的人。

6．不看门第

"英雄问何处，当初皆贫寒。"大凡贤能之士多产生于卑贱贫苦人家，只有独具慧眼的领导才能发现、提拔、任用他们。

汉代的朱买臣家里很穷，靠砍柴卖柴来维持生活，他的妻子吵着要离婚，这在封建社会对一个男人而言，实在是莫

大的耻辱。但朱买臣不以为然，继续背他的书。后来严助向
皇帝推荐了朱买臣，他被召见，同汉武帝谈论《春秋》《楚
辞》，汉武帝十分赏识他，提拔他当了会稽太守。

7．不迷表象

真正具有真才实学的人往往是大智若愚的，而那些有点小
才的人往往善于吹牛，这让领导者很难辨别谁是真正的人才。
赵孝成王重用纸上谈兵的赵括，诸葛亮轻信志大才疏的马谡，
都是因为被其光鲜的外表所迷惑了，犯了识别人才时的一个常
见错误——"耳目之误"。

领导者在识别人才时，千万不能被表面现象所迷惑，要从
工作实践中去观察其能力，从工作业绩中去判断其水平。

8．不重资历

没有出名的"小人物"一开始总容易被人看不起。

法国年轻的数学家伽罗华17岁时写出关于高次方程代数
解法的文章，寄到法兰西科学院，却没有受到重视。20岁时，
他第三次将论文寄去，审稿人渡松院士看过之后的结论是：
"完全不可理解！"

又如美国科学家贝尔想发明电话，他将自己的想法说给
一位有名的电报技师听，那位技师认为贝尔的想法是天大的
笑话，还讥讽说："正常人的胆囊是附在肝脏上的，而你的肝
脏却在胆囊里，少见！少见！"

龚自珍认为，论资排辈的用人制度阻碍了人才的发掘，导
致了"朝廷无才相、地方无才吏、边关无才将、田野无才农、
集市无才商、山林无才盗、陋巷无才偷"的荒唐局面，所以他
疾呼"我劝天公重抖擞，不拘一格降人才"。尽管一百多年过去
了，龚自珍老先生的声音犹旋在耳！

第四章

张弛有度，收放自如

领导的任务不是替下属做事

无为而无不为。

——《老子》

释义：不刻意追求，顺应自然，则没有什么事是做不成的。

领导者的主要任务是做好决策，精准把握做什么、去哪里做、何时做、谁来做，让正确的人做正确的事，激励下属去做，而不是代替下属去做。

领导者就像一位坐在帐篷里运筹谋划的元帅或将军，而下属则像是上阵冲杀的士兵，领导者替下属做事就好比统帅跑出军营代替士兵披甲上阵，其效果也就可想而知了。领导者大包大揽，吃苦受累，任劳任怨，但最后却听不到下属的一句赞誉，而是不绝于耳的指责与埋怨，这是吃力不讨好的典型表现。

如果仅仅是吃力不讨好也没什么，更严重的是，这种事无巨细的领导者的所作所为，对企业却是有害无利的。因为他的大包大揽，导致下属什么也不干，懒惰之风大涨，生产和工作效率就会大大降低。并且，一个人也不可能包打天下，总会有顾此失彼的时候，一不留神就会使企业陷入旋涡，无法自拔。

这样的领导者不值得提倡，因为他忙碌了很长时间，结果什么也没有得到。更令他想不到的是，他竭心尽力，却给自己的公司带来危害。同时，这样的领导者没有人会同情。

一个高效的领导者应该把精力放在少数最重要的工作中，次要的工作放手让下属去做。人的时间和精力是有限的，只有集中精力，才可能真正做出成绩，才可能做出有价值的成果。所以领导者不应被次要工作分散精力，必须学会放权，以腾出手来去做真正应做的工作。

什么叫领导者？通俗的说法是：领导者就是自己不干事，让别人拼命干事的人。领导者要通过他人来做具体的工作，即使领导者自己可以更好、更快地完成工作，但问题在于领导者不可能亲力亲为去做每一件事情。如果领导者想使工作更高效，就必须授权给下属，让下属去做更多的事。

领导者最主要的任务是宏观把控——而这是没法授权给别人的。领导者的任务不是监督下属工作，更不是亲自去做那些琐事。放权是为了能有更多的时间去专注思考那些宏观上的大事！就像国家领导人只考虑重大的宏观问题一样，领导者只思考企业的大问题和未来发展方向，并提出必须优先解决的事项，制定并坚持标准。

一名领导者，不可能把控一切。领导者应该协助寻找答案，但并不提供一切答案；参与解决问题，但不要求以自己为中心；运用权力，但不掌握一切；负起责任，但并不监督下属。领导者必须让下属觉得自己跟领导一样有责任留心工作的进展。把管理当作责任，而不是手中的权力，这才是领导者能够进行真正的有效放权的基本保证。

那些凡事亲力亲为的领导者往往会有这样的想法：他们应该主动深入工作当中去，而不应该坐等问题发生；或者他们应当让下属觉得自己不是一个爱显摆或者占据高位的领导。这些想法确实值得肯定，而且领导者也的确可以适当干些有益于赢得人心的小事，这是提升个人形象的一种手段，但这并不是让领导者什么事都亲力亲为，凡事走向极端不仅没有任何好处，还会付出惨重代价。

如果领导者有着事无巨细的倾向，那么下面几点建议或许会对其有所帮助。

1．适当地放权

当企业发展到一定程度，事务会越来越多，领导者就没办法亲自处理所有的问题了，这时候就需要适当放权，授权给下属。从某种意义上说，授权是管理的根本问题，也是管理的要义，因为管理的实质就是分配任务，让其他人去完成。授权意味着领导者可以从纷繁复杂的事务中解脱出来，将精力集中在管理决策、经营发展等重大问题上。授权可以把下属管理得更好，下属能独立去完成某些任务，也有助于他们个人的成长。

2．不必亲力亲为

很多事务并不需要领导者亲自参与。例如，下属完全有能力找出有效的办法来完成任务，根本用不着领导者出谋划策。就算你确实是出于好意，但是下属未必领情。反而他们会觉得领导者对他们不信任，他们甚至会认为领导者的管理方法存在很大问题。当出现这种情况时，领导者应当学会如何置身事外，不用事必躬亲。

领导者在决定参与某项事务之前，可以先问问自己："如果我再等等，情况会怎么样？""我是否掌握了采取行动所需要的全部情况？"如果认为做这项事务的时机还不成熟或者目前还没有必要，那么领导者就应该保持沉默。在很多时候，也许根本用不到领导者，下属就会主动查漏补缺。经过缜密的思考，领导者会发现很多时候自己介入是不必要的，有可能使情况变得更糟。

3．弄清授权范围

既然明白了亲力亲为的弊端，那么接下来领导者就必须明确授权的范围，也就是说，究竟哪些工作领导者不必亲力亲为。根据企业的具体情况，授权的范围肯定会有所不同。但这其中还是有规律的。在授权时，下面几点需要重点考虑。

（1）工作是否复杂。工作越复杂，管理者本人就越难以掌控局面并做出正确判断。如果复杂的工作对专业知识的要求很高，那么与此项工作有关的决策应该授权给掌握专业知识的人来做。

（2）责任或决策是否重要。一般情况下，一项责任或者决策越重要，对于团队或整个企业的影响就会越大，就越不可能被授权给下属。

（3）企业文化。如果在一个企业里，管理层对下属都很信任，那么就可能会出现大范围的授权。如果领导者不相信下属的能力，授权力度就会变小。

（4）下属是否有能力或才干。这可以说是授权最重要的一个因素。这要求下属具备一定的技术和能力。如果下属缺乏这项工作的必要能力，那么领导者在授权时就要谨慎。

H. 米勒说过："真正的领导者不是要凡事亲力亲为，而在于他要指出路来。"领导者授权给下属，不仅可以使自己从繁杂的工作当中解脱出来，更可以锻炼下属。这种双赢的事情，是每个领导者都应该学会的。

像空气般管理员工

不出于户，以知天下；不窥于牖，以知天道。

——《老子》

释义：不出门，就能知道天下的事情；不看窗外，就能认识天象运行的规律。比喻一切都了然于胸。

唐太宗不仅是一位善于治理的明君，还是一位善于"垂拱而治"的皇帝。他采纳了魏徵的谏言，把一些琐事都交给有这方面才干的人去做，自己则只专注于制定国家的大政方针，从而开创了贞观之治。

一位事必躬亲的领导，每次分配工作，从开始到结束，事无巨细，指示得非常具体详细。比如布置会议室，放多少把椅子，买多少茶叶、水果，会标写多大的字，找谁写，用什么纸，等等。刚开始下属还能接受，长此以往，下属就不太情愿了，感到他跟个喋喋不休的老太太一样，管得太细、太严了，下属一点权力都没有。有时他的主意并不高明，但因为他是领导，下属只得照办。

实际上，有很多事领导只要听取下属汇报事情的结果就可以了，没必要事无巨细地指导他们做任何事。比如让下属推销一批商品，领导者只要告诉他销售定额和注意事项就可以了，没必要告诉他如何推销、话术是什么等细节。管理到一定程度就可以了，过度的管理反而会适得其反。

领导者如果什么事都亲力亲为，不仅会使下属变得懒惰，做事没有积极性，还会使自己陷于繁杂的事务中而不能专心于那些比较重要的事务。当然，这并不是说领导者不能干具体的工作。领导者适当地干一些事情，可以加深与下属的感情，使同事之间互通有无，但要注意保持一个度。"大事小事亲手干，整体忙得团团转"的领导者，只能把自己累得够呛，而不会是一位称职的领导者。

领导者最主要的工作是谋划全局，他做的事情应该是处理下属干不了的事情或突发的、非常规的事务，而不是代替下属大操大办。一个优秀的领导者最大的优点就是能够谋划全局，调动可用力量去做事，而不是什么事都要干涉，对下属指手画脚。

最好的领导方式应该是像空气一样去领导。空气看不见摸不着，所以不会给人压力，正如好的领导给员工的压力应该是工作所必需的压力，是员工自我激励的压力。空气存在于周围环境中，人们离不开空气，当一个领导使企业离不开他时，就说明了这位领导对公司的发展是有价值的。领导的思想、理念，所传递的目标、标准制度也要充斥在企业的每个角落。能达到这种境界的领导才是真正成功的领导。

有一家动物园，因为人手不足，就从社会上招聘了一批饲养人员。其中有一位饲养人员特别讲究卫生，对小动物也特别有爱心，所以他每天都把小动物的住所打扫得非常干净。可是事与愿违，那些小动物并不领情，在干净舒适的环境里，它们变得毫无精神，有的生病，有的厌食，日渐消瘦下去。

这是为什么呢？这位饲养员很苦恼，就去向有经验的人请教。别人告诉他：小动物都有自己的生活习性，有的喜欢污浊的气味，有的喜欢自己的粪便。只有尊重它们的生活习性，它们才会健康成长。

这个故事对于管理者相当有启发意义。有效的管理必须针对企业内部个体的需求，兼容并包，并在此基础上灵活变通、多元管理，从而营造和谐的团队氛围。如果像故事中的饲养员那样，忽视个体差异，一味追求看似完美的统一，那么这样的企业最终一定会因毫无个性而导致解体或僵死。

集权不如放权更有效

文武争驰，君臣无事。

——魏徵《谏太宗十思疏》

释义： 文臣武将一起得到重用，君王大臣之间没有什么事情烦心。

现代企业管理讲究的是使下属信服而不是简单地控制下属。也就是说，一位优秀的领导者，善于分派工作，把工作托付给下属去做，下放一些权力，让下属来做些决定，或是给下属一些机会像领导一样做事。

当然，并不是所有工作大家都乐意去做。领导者应该把这些任务分派下去，并且指明无论如何这个工作也必须完成。

这时，领导者一定不能装得好像给了被分派这些任务的人莫大的机会一样，因为若他们发现事实并非如此的时候，就会非常讨厌去做这件事。如此一来，工作也就干不好了。有些领导总会觉得把工作派给别人去做是非常困难的事情。下面这几点就是可能的原因。

（1）领导者把一件自己可以干得很好的工作分派给下属去做，也许他达不到领导者的预期，或者效率没有领导者那么高，或者做得不如领导者细致。这时，领导者总爱求全责备，最终导致矛盾重重。

（2）领导者害怕一旦把工作分派下去，自己就会无所事事。所以有些领导者权力不大，芝麻大点儿的事也不舍得放手。

（3）如果让别人去做领导者自己的工作，领导者可能会担心他们做得比自己好，从而取代自己的工作。

（4）领导者没有时间去培训别人该如何去工作。

（5）领导者没有可以托付工作的理想人选。

实际上，如果领导者确实想要把工作分派给下属，那上面列举的这五个问题都不是真正的问题。因此领导者要挑战的是自己对此事所持的推诿态度。

如果领导者一直担心，因自己的下属在工作上出了差错之后，领导者就会丢掉工作；或者工作的地方氛围很差，领导者担心工作没有建树。这时，领导者就有必要和自己的上司谈谈这些情况，把这些情况说明，从而在分派工作的问题上获得上司的理解和支持。

如果确实没有可以托付工作的人选，而领导者自己又抽不出时间来干，那么，就再雇一个人。

当然，放权也是有限度的。"大权独揽，小权分散"是企业领导者经常采取的有效办法。

有一家生产电子产品、家用电器、放射线和医疗方面电子仪器的大型电器工业企业。该企业下属业务遍布全球，为了对企业进行有效的管理，企业实行了"大权独揽，小权分散"的管理制度。

该企业紧握投资和财务两方面的重要权力。该企业所属的分公司每年年底都要编制投资预算报告，并呈报总公司审核，总公司会对预算报告进行仔细分析，若有不当之处，就让各分公司有针对性地进行修改。投资预算最终获得批准后，各分公司都必须照办。

而且该企业还建立了一套十分有效的管理控制制度，设立管理控制员，对分公司的生产，尤其是财务方面进行监督。这些管理控制员在执行任务时，都得到了总公司董事会的大力支持，他们对各分公司的间接制造费用、存货和应收账款等尤其留意，一旦发现有任何不正常的迹象，就立即向上汇报，由总公司派人来处理。各分公司每个月的财务报表都由这些管理控制员核定签字后，才能送交董事会。

该企业在投资和财务两方面牢牢掌握大权，但是在别的方面却实行了分权。该企业的领导者认为，上级不可能凡事亲力亲为，适度分权可以减少领导者的工作压力；就算是小企业，其领导者也不可能包揽每一项工作，也必须分权给下属，让下属发挥其才能，为企业献谋建策，促进企业的发展。

因此，该企业的每一家分公司都自成体系，都有自己的损益报表，各下辖部门的经理对其所属领域都享有充分的决策权，同时他们也尽量把权力下放，充分发挥分权制度的最佳效果。

自从实行分权管理制度后，这家企业成功调动了各分公司的积极性，企业发展蒸蒸日上，获得了相当大的成功。

"大权独揽，小权分散"的管理制度，给现代企业管理带来很多益处。公司的要害部门亲自管，公司的关键大权要亲自抓，其余的权力能放就放。这样，上下各得其所，各安其职，每名员工的积极性、创造性都得到了充分的调动，同时又不会发生争权现象。

通过授权提升领导力

以诚感人者，人亦诚而应。

——程颐《二程遗书》

释义：我们以真诚对待人，他人也会以真诚对待我们。

授权是现代企业领导人的管理宝典。南希·奥斯汀说："它（授权）是人人都是企业家的现象，这能使每个人都成为经营战略信息流当中的一员，使每个人都成为主人翁。"当今时代，领导者的工作千头万绪，能力再强，光靠自己一个人也是绝对不行的，必须依靠各级各部门每个员工的集体智慧和群体功能。鉴于此，就需要根据不同职务，授予下属以职权，使每个员工各负其责、各行其权、各得其利、权责结合。这样一来，领导者就能摆脱琐事，腾出更多的时间和精力全盘考虑问题，提升领导力。所以授权是领导者必须下放的权力，不是你愿不愿意给的问题，而是搞好工作的必须。

如何让下属高效工作，发挥他们的积极性、创造性，是现代企业管理中令企业领导大加重视的问题，不少企业已经进行了卓有成效的尝试。

全球闻名的巴西企业集团塞氏企业是一家生产多种机械设备的大型集团。多年前，理查德·塞姆勒从其父手中接过掌舵塞氏的重任，那时它还只是一个传统的企业。刚开始，塞姆勒也深信纪律严明的高压管理能促进生产，以统计数字为武器的强干也能主导业务。但在一次生病后，塞姆勒的这种想法竟发生了完全的改变。

首先，塞姆勒取消了公司所有的规定。因为他认为规定只会让奉命行事的人轻松愉快，却妨碍了弹性应变。以前在塞氏，每位新员工都会收到一本20页的入职手册，提醒大家入职公司后的注意事项。而现在，塞氏企业的员工已经可以自行确定生产目标，并且不需劳驾管理人员督促，也不要加班费。主管也享有同级别的自主权，可以自行决定经营策略，没有上级领导的干预。最特别的是，员工可以自行决定自己的薪水。因为塞氏主动提供全国薪水调查表，让员工对比在其他公司拥有相同技术和责任的人所拿的薪水数目，这样就不用担心他们会狮子大开口。员工也可以自行调阅所有的账册。公司甚至和工会一同制作了专门教程，教全体员工如何看各种财务报表。

每当公司要作出真正重大的决定时，塞氏就将表决权交给全体员工，由全体员工投票决定。

塞氏不设秘书，不设特别助理，因为塞姆勒不希望公司有任何这类呆板的而又没有发展的职位。全公司包括经理在内，人人都要接待访客、收传真、拨电话。

塞姆勒对办公并不勤恳。早上他多半会在家里工作。他甚至还鼓励公司其他经理也像他一样在家里办公。此外，他每年都会出外旅行两个月，旅行时不留下任何联络方式，也不打电话回公司，给塞氏其他领导充分的自主权，因为他希望塞氏的每名员工都能独立工作。

塞氏对企业进行改革后，也改变了部门之间的合作方式。比如，某个部门不想使用另一个部门的服务，可以自行向外界购买，这种竞争的压力使每个人都不敢轻易放松。塞氏还鼓励员工自由创业，并以极优惠的价格出租公司的机器设备给他们，然后再向这些员工开设的公司采购需要的产品。当然，这些创业的员工也可以将产品卖给别人，甚至卖给塞氏的竞争对手。

这样会弄垮塞氏吗？塞姆勒一点都不担心，他说："这样做使公司反应更敏捷，也使员工真正掌握了自己的工作——员工变成了企业家。"

除此之外，塞氏还进行工作轮调制。每年他们有1/5或

1/4的经理会互相轮岗。因为塞姆勒认为，人的天性都是闲不住的，在同一个工作岗位待久了，难免会觉得无聊，导致生产效率低下，唯一的方法就是轮调。同时，因为塞氏的各项工作速度及频率都太快了，这给员工造成了相当大的压力。塞氏非常重视专业再生充电，也就是实行休假制，因为这可以让员工借此机会重新反思自己的工作与目标。

令人惊奇的是，在经济不景气、经济政策混乱的大环境中，塞氏十余年的增长率竟高达600%，生产力提高近7倍，利润上升5倍。大量应届毕业生表示自己愿意到塞氏工作。

如果领导者不放权给下属，或放权之后又常常干涉、出主意，这样必然会造成管理混乱。一方面，下属会认为领导不信任他，会失去工作积极性；另一方面，这也会使下属产生依赖心理，出了问题往往喜欢找领导，领导者就会疲惫不堪，误了大事。因此，企业领导者要下属担责，就要授予其相应的权力。这样对领导者集中精力抓大事非常有利，同时可以增强下属的责任感，发挥他们的积极性和创造性。

放权方可释放权力的效力

我无为，而民自化；我好静，而民自正；我无事，而民自富；我无欲，而民自朴。

——《老子》

释义：我无为，人民就会自我化育；我好静，人民自然会走上正道；我不生事，人民自然富足；我无欲望，人民自然淳朴。

管理虽说是上级对下级运用权力的一种方式，但不仅仅是这样，因为现代管理不是为了权力专制，而是为了权力调控。

　　权力是管理的一种力量，但是权力的运用应该是有规范的，而不能是公司领导者一言堂。因此，一个高明的领导者，首先要明白：自己是来管理的，而不是来搞专制的。也就是说，领导者不是来监督员工的。领导者若大权独揽，高高在上，把所有的下属都看成是为自己服务的，那他绝对不可能成为一个优秀的领导者。另外，监工式的管理模式已经与现代企业"以人为本"的理念相去甚远。也许监工式的管理模式在短期内有用，但是不可能一直有用。因此，领导者需要牢记"以人为本"，这样的管理才会给企业带来益处，至少不会招致下属的心理抗拒，容易使双方形成平等、和谐的人际关系，从而营造一种良好的工作气氛。

　　除此之外，一个人只有手中有了权力才会有工作的能力。比如士兵，有了开枪的权力，才能奋勇杀敌；又比如推销员，有了选择客户的权力，才能卖出货物。如果领导者把这些权力牢牢地握在手中，而不授权给下属，那么这些权力的效力也就无法得到有效利用。

　　放权给下属，领导者不仅能收获一些人心，而且能激励下属，其实这是一个很简单的道理，也是一种等价交换。对领导者来说，想要改变监工身份，转变观念，需要从实际行动开始，真正做到由专权到放权。领导者要记住，放权不是失权，相反，放权的同时可以有效地释放权力的应有效力，赢得下属的心，使下属更加尊重你的权力，使你的权力从本质上更有作用。而专权只是迫使下属表面服从，却失了下属的心。

　　领导者通过分权和授权，能够充分调动下属的主观能动性，使下属的积极性和创造性得到更大程度的发挥，从而提高工作效率。当然，领导者指派下属去做某项工作之后也不能不闻不问，在适当的时候询问下属一些情况，听取他们的工作汇报可以防止他们偏离目标。领导者应该客观评价下属的工作，并鼓励他们大胆工作。这样一来，领导者也就能收获下属的心，获得一群积极工作的员工。

授权要讲究策略和技巧

放者流为猖狂，收者入于枯寂，唯善操心者，把柄在手，收放自如。

——洪应明《菜根谭》

释义：主张放任身心，容易使人变得狂妄自大；主张约束身心，容易使人流于枯槁死寂。只有善于操纵身心的人，才能掌握一切事物的重点，到这时对一切事物才能做到收放自如的境界。

领导者面对的是有血有肉的人，授权时如果不分对象、不看情势，容易使领导者的权力失控。因此，授权必须讲究，在对权力的收放中找到运用权力的正确方式。

1．不完全授权

不完全授权是指领导者在向其下属员工分派任务的同时，赋予其部分权限。按照所给下属权限的程度大小，不完全授权又可以分为以下三种。

（1）下属了解情况后，由领导者拍板做决定；让下属提出所有可能的行动方案，由领导者最后决定。

（2）让下属制订详细的行动计划，由领导者审批。

（3）下属采取行动后，将行动报告交给领导者。

不完全授权的形式非常常见，因为它授权相对灵活，可因人、因事而采取不同的操作方式，但它要求上下级之间必须确定所采取的具体授权方式。

2．学会动态授权

这是综合完全授权和不完全授权两种形式而成的一种混合的授权方式。一般而言，根据工作的内容可以将下属履行职责的过程划分为若干个阶段，在不同的阶段采取不同的授权方式。这就是动态授权。这种授权形式有较强的适应性，也就是情况发生变化时，领导者可随时调整授权方式以利于工作的顺利进行。但使用这一方式，要求上下级之间要协调配合，及时沟通联系。

3．采取制约授权

这种授权形式是指领导者将职责和权力同时指派和委任给不同的几个下属，让下属在履行各自职责的同时形成一种相互制约的关系，比如会计制度上的相互牵制原则。制约授权只适用于那些比较重要、容易出现疏漏的工作，不可过多采用，否则会抑制下属的积极性，不利于工作效率的提高。

4．注意授权程序

一个企业即使人员不多，授权时也应该注意，否则会给企业带来负面效果。实则，领导者的有效授权往往要依下列程序进行。

（1）认真选择授权对象。这主要包括两个方面的内容：一方面选择可以授予或转移出去的那一部分权力，另一方面选择能接受这些权力的人员。选准授权对象是进行有效授权的前提。

（2）获得准确的反馈。领导者授权之后，只有获得下属对授权的准确反馈，才能证实其授权是明确的，并已被下属理解和接受。而这种准确的反馈，主要以下属对领导授权进行必要复述的形式表现出来。

（3）放手让下属行使权力。既然已把权力授予或转移给下属了，就不应过多地干涉其行动，更不能指手画脚，而应该放胆让下属去做。

（4）追踪检查。这是实现有效授权的重要环节。追踪检查非常必要，掌握下属行使职权的情况，并给予必要的指导，可以避免或尽量减少工作中的某些失误。

当然，授权过程中，还应注意以下四点。

（1）激发下属的责任感和积极性。授权是为了要下属凭借一定的权力，发挥其工作能力，以实现既定的领导目标。但如果领导者有权不放，或下属消极使用权力，就不能达到这个目的。因此必须建立奖惩措施，对下属进行激励，引入竞争机制。

（2）给下属明确的责任。权责明确，领导者要交代给下属权限范围，防止下属使用权力过头或不足。如果不规定严格的权责就急于授予职权，往往会管理失当。

（3）要充分信任下属。与职务相应的权力应一次性授予，不能留有余地。古人云："任将不明，信将不专，制将不行，使将不能令其功者，君之过也。"领导者安排职务却不给相应的权力，实际是对下属的不尊重、不信任。这样，不仅使下属不能独立负责，挫伤他们的工作积极性，而且一旦出事，还会造成互相推诿的局面。

（4）要注意量体裁衣。要按照下属能力的大小，尤其是潜在能力的大小来授职授权，使每个下属挑上担子能快步前进，避免有的轻松，有的累死。

判断领导者管理人是否得当，就要看授权的方略是否用到位。下属可按照所授予的职权，在实际工作中行使权力。因此领导者务必慎重、认真地授权。

权力与责任必须平衡对等

千钧将一羽，轻重在平衡。

——韩偓《漫作二首》

释义：千钧只当一片羽毛，关键在于掌握轻重的平衡技巧。

相应的职责必须有相应的权力相配，也就是说，授予下属一定的权力时必须使其承担相应的责任，有责无权不能放手开展工作，有权无责又会导致权力滥用。责大于权，没法激发下属的工作热情，即使只是一个职责范围内很小的问题，也需要层层请示，势必会影响工作效率；权大于责，又可能会使下属不恰当地滥用权力，最终会导致领导管理和控制的难度增大。所以，领导者在授权时，一定要向被授权者交代清楚工作的责任范围、完成标准和权力范围等，让他们清楚地知道权责的限度。一般而言，要实现权力与责任平衡对等，应灵活掌握以下基本原则。

1. 明确授权事项

授权时，领导者必须向被授权者告知清楚所授事项的责任、目标及权力范围，让他们明确自己对哪些人和事有管辖权和使用权，对什么样的结果负责及责任大小，使之在规定的范围内最大限度地发挥自主权。否则，被授权者在工作中会摸不着头脑，无所适从，从而耽误工作。

2．下属参与

整个授权的讨论过程让下属参与，这样可以提高授权的效率。第一，只有下属对自己的能力最了解，所以尽量让他们自己选择工作任务；第二，下属在参与过程中，会更好地理解自己的任务、责任和权力；第三，下属若对自己主动选择的工作主动参与，往往会尽全力将它做好。

3．适度授权

评价授权效果的一个重要参考因素是授权的程度。若授权过少，那么往往造成领导者的工作太多，下属的积极性受挫；若授权过多，那么会造成工作杂乱无章，甚至失去控制等局面。授权要适度，最好做到授出的权力刚好够下属完成任务，不可无限度地放权。

4．责权统一

权力与责任必须统一、对应。这不仅包括权力也包括责任，而且权责应该均衡对等。如果下属的责任大于他的权力，那么下属就要为自己一些力所不及的事务承担责任，这样下属自然就会不满；如果下属的责任小于他的权力，那么他就有条件用自己的权力去做责任以外的事情，管理上必会出现混乱。

5．分级控制

为了防止下属在工作中出现问题，对不同能力的下属要区别对待，有不同的授权控制。比如，对能力强的下属可以控制力度小一些，对能力弱的下属可以控制力度大一些。然而，为了保证下属能够正常工作，在授权时，就要分级授权，领导者只能采用事先确定的授权方式对授权点进行核查。当然，如果领导者发现下属的工作有明显的偏差，可以随时进行纠正，但这种例外的控制不应过于频繁。

6．不越级授权

越级授权是指上层领导者把本来属于中间领导者的权力直接授予下级。这样做会造成中间领导者在工作上处于被动，引起他们的不满，进而扼杀他们的工作积极性。所以，无论哪个层次的领导者，都不能将不属于下属权力范围内的事情授予他，否则将导致管理混乱和争权夺利的严重后果。

7．不放任不管

授权不等于放任不管，授权以后，领导者仍必须保留适当的权力，对下属工作进行检查、监督、指导与控制，以保证他们正确地行使职权，确保预期成果的圆满实现。权力既能授出去，也能收回来。所有的授权都可以由授权者收回，职权的原始所有者不可因为把职权授予出去而因此永久地丧失了这一权力。

总之，领导者在授权时一定要注意权责必须均衡，把权力和责任放在一起下放，做到权责相应。只有如此，方能真正发挥授权的效力。

适当保留监督权和控制权

国小而家大，权轻而臣重者，可亡也。

——《韩非子·亡征》

释义：地方势力大于中央，下级的权力大于上面的，（国家）就会灭亡。

真正的授权是指，放手但不放弃，支持但不放纵，指导但不干预。管理者将权力下放给员工，并不意味着自己就可以完全做个"甩手掌柜"，对下放的事不管不问。

授权要像放风筝一般，既给予员工足够的空间，让他拥有一定范围的自主权；同时又能用"线"牵住他，不至于偏离太多，最终的控制权仍在领导的手中。

"撒手授权"必然引发企业运营混乱。管理者应该懂得，真正的授权就是让员工放手工作，但是放手绝不等于放弃控制和监督。

监督、监控其实是对授权程度的平衡与把握，在给予员工足够权力的基础上，强调责任，将监督、监控做到位，授权的效果才会实现最大化。

"八佰伴"是日本一家著名的连锁企业，曾经盛极一时，光在中国就拥有很多家分店。可是这庞大的商业帝国顷刻间宣告倒闭，这是为什么呢？

究其原因，是到了企业发展的后期，集团创始人禾田一夫把公司的日常事务全权交给了自己弟弟处理，而他却天天窝在家里。他弟弟送来的财务报告每次都做得非常漂亮。但事实上，他的弟弟暗地里做了假账来骗他。

最后，八佰伴集团倒闭了，禾田一夫从一位拥有四百家跨国百货店和超市集团的总裁，顷刻间变成穷光蛋。几年后，禾田一夫在一次接受采访时说道："不要轻信别人的话。一切责任都在于最高责任者。作为公司的最高领导者，你不能说'那些是交给部下管的事情'这些话，责任是无法逃避的。"

禾田一夫的破产原因在于他没有意识到除了授权，还要监控。时代在进步，企业需要更多的管理知识来武装，家族式的管理早已不适合企业的发展。禾田一夫自己退居幕后，让其弟弟禾田晃昌做日本八佰伴的总裁，这本身就是一种失败。在这种管理体制下，报假账也就成为必然。

企业的管理者如果只是授权给下属，之后不闻不问，这样的管理者一定是个失败的管理者。

海生公司隶属于一家民营集团公司。由于集团公司业务经营规模不断扩大，从2018年开始，老板决定把海生公司交给新聘请来的总经理和他的经营管理层全权负责。授权过后，公司老板就极少过问海生公司的日常经营事务了。然而，集团公司老板既没有对经营管理层的经营目标作任何指示，也没有要求企业的经营管理层定期向集团公司汇报经营情况，只是口头承诺，假若企业赢利了，将给企业的经营管理层一些奖励，但是具体的奖励金额和奖励办法却一直未确定下来。

海生公司由于没有制定完善的规章制度，企业总经理全权负责公司采购、生产、销售、财务等事务。经过两年的经营，到2020年年底，集团公司老板发现，由于没有实实在在的监督监控制度，海生公司的生产管理非常混乱，账务不清，在生产中经常出现次品率过高、用错料、员工生产纪律松散等现象，甚至在采购中出现一些业务员私拿回扣、加工费不入账、收取外企业委托等问题。

由于财务混乱，老板和企业经营管理层对企业是否赢利也不清楚，老板认为这两年公司投入了上千万元，但是没有得到回报，所以他认为企业经营管理层经营不善，不能给予奖励。而企业经营管理层则认为老板不兑现承诺，因为这两年企业已经减亏增盈了。他们认为老板应该履行当初的承诺，兑现奖励。双方一度为奖金问题陷入胶着状态。

面对企业经营管理中出现的诸多问题，老板决定将企业的经营管理权全部收回，重新由自己来负责。如此这般，企业原有的经营管理层认为自己的努力没有回报，工作没有了积极性，情绪也陷入低谷。另外，他们觉得老板收回经营权，是对自己的不信任和不尊重，内心产生负面情绪。有些人甚至利用自己培养的亲信，故意在员工中散布一些对公司不利的消息。公司犹如一盘散沙，经营走向困境。

海生公司是一种典型的"撒手授权"。这种授权必然引发企业运营混乱，企业因此付出了惨重的代价。

真正的授权就是让员工放手工作，充分发挥他们的聪明才智，但是放手绝不意味着没有监督和控制。不论是领导者还是员工，绝不能把授权之后的监督和控制看作消极行为，而是应该正确认清它的积极意义。

适时地表明"我是领导"

奉法者强则国强；奉法者弱则国弱。

——《韩非子·有度》

释义：执行法律的人依法行事，那么国家就强大；执行法律的人不依法行事，那么国家就衰弱。

作为团队的管理者，如果具备威严感，就能带给下属一种威慑力。管理者可以态度温和，可以在非工作场合与下属打成一片，但你一声令下之时，下属要表现出令行禁止的态度。

做到这些，需要领导者在平时以严格的规定来约束下属，适时地表明"我才是领导"，以威慑力来给下属施加影响。在中国历史上，不少皇帝都深谙此道，让臣子明白自己才是君主，以维护其统治的威严。

在宋朝以前，上朝时宰相是有座位的。宰相上朝没有座位，据说始于宋太祖赵匡胤。赵匡胤陈桥兵变后，黄袍加身、正式登基的第二天，从后周继承下来的宰相范质上朝奏事，开始还坐着讲，正讲着，赵匡胤突然打断他说："你先不用讲了，把文稿拿给我看看。"范质遂起身把文稿捧给他看，赵匡胤说："我老眼昏花，你再拿近一点。"范质就又凑近了一点。

等皇帝看完了，范质再想坐下，却发现椅子不知什么时候已经没了。原来趁范质站起来的时候，皇帝悄悄让宦官把椅子搬走了。范质无可奈何，只好站着。自此以后，宰相上殿也就没了座位。

清代雍正二年（1724）四月，雍正皇帝因平定青海一事受百官朝贺。刑部员外郎李建勋、罗植二人君前失礼，被言官弹劾，属大不敬，依律应该斩首。雍正说："大喜的日子，先记下这两人的脑袋。后面的仪式，再有人出错，就杀了他们。那时候，可别说是朕要杀人，而是不守规矩的人要杀他们。"也就是说，这两个人死不死，取决于别人犯不犯错误，而犯错误的人不但自己要受处分，还要承担害死别人的责任。

雍正皇帝通过借题发挥，给下属以颜色，树立起了自己的威严，达到震慑下属的目的。

　　一般情况下，领导给我们的形象就是要做到令出必行、指挥若定，必须保持一定的威严，这就是"王者风范"。道理很简单，在管理者与下属关系上，没有令下属感到畏惧的震慑力，是不容易行使职责的。只有一张和蔼的脸、一番美丽动听的言辞，有时起的恰恰是反作用。

　　当然，威严不是恶言相对，破口大骂，整日板着面孔训人，而是要在工作时对下属说一不二，发现下属犯了错，绝不纵容姑息，立即指出，限时纠正，不允许讨价还价。只有让下属产生敬畏之心，才会使你驾驭领导的风范，在万马千军冲锋陷阵的激烈竞争中游刃有余。

　　在当今世界摩托车、赛车和汽车的王国里，有一个如雷贯耳的名字，他就是本田车系的创始人——本田宗一郎。本田对日本汽车和摩托车工业的发展作出了突出贡献，先后获得日本天皇颁发的"一等瑞宝勋章"，获得美国底特律汽车殿堂"悬挂肖像及光荣事迹"的殊荣。

　　本田宗一郎之所以有如此辉煌的成就，和他持有的处世原则——铁面无私是分不开的。虽然备受下属敬重，本田宗一郎却并不是一个睁一只眼、闭一只眼的老好人。本田公司的技术干部都曾受过本田的严格训练。如果他们不注意，违背了本田的方针，那就会随时遭遇一场暴风雨的袭击。

　　有一天，杉浦正在办公室埋头工作，突然一位部下通知他说董事长找他。杉浦急忙赶到本田那里，以为有什么好差事要指派给他。本田二话不说，出乎意料地伸出右手，打了杉浦一巴掌。杉浦不知何故，忙问："董事长，到底出了什么事？""谁叫他们这样马虎地设计？是你吧！"杉浦还没来得及开口为自己辩护，本田又给了他一巴掌。杉浦很生气，说：

"董事长，您怎么不听解释就动手打人？"他心想，设计出了问题，自己固然有责任，但自己是有1000名部下的研究所所长，至少有一点权威，董事长没必要当众羞辱自己，如此一来以后如何管理部下，于是他想辞掉这个职务。

就在杉浦正要请辞的时候，他发现本田的双眼微湿——他有些怀疑，难道董事长也会自责？还是恨铁不成钢？似乎都有。杉浦想，董事长是诚心诚意要帮助自己，教导自己，哪怕一个零件也不能大意，必须严谨、认真、细致，防止出现任何差错，否则，不可能生产出顾客信赖的商品。董事长打他是为了要员工了解技术、质量的重要性。一想到这儿，杉浦的怨愤之情也消散了，于是对本田说："对不起，我错了！我要好好改过……"

"我也有错，不该随便打人。"本田面上显出坦率的歉疚，并轻拍杉浦的肩膀。

本田利用王者风范，既保护了自己的形象与威严，又教育了下属，更重要的是挽救了公司的声誉与利益。

领导要保持自己的威严，最关键的就是给自己找准定位，不能太亲密也不能太疏远。过于亲密就可能淹没领导的职位，过于疏远则可能让人不敢靠近。对于下属，领导应该软硬兼施，打一打，拉一拉，让下属忠心地为领导服务，共创效益。

适时表明自己才是领导，不和下属靠得太近，领导个人的威信才有可能提升。

第五章

不以规矩，不能成方圆

好制度胜过一切说教

不法法，则事毋常；法不法，则令不行。

——《管子·法法》

释义： 不确立法制而口说依法办事，那么办事的时候就没有规矩可循；立法不依法，那么政令就行不通。

第二次世界大战中期，美国为空军提供降落伞的制造商制造的降落伞安全性能不够。后来在厂商的努力下，合格率逐步提高到99.9％，而美国军方要求降落伞的合格率必须达到100％。厂商对此很不以为然，他们认为，能够达到这个程度已接近完美，没有必要再改进。他们一再强调，任何产品都不可能达到绝对的100％合格，除非奇迹出现。

但军方却不这样想，他们认为，99.9％的合格率就意味着每1000个伞兵中，会有1个人因为产品质量问题在跳伞中送命，这显然会影响伞兵战前的士气，这是不能被接受的。后来，军方改变了检查产品质量的方法，决定从厂商前一周交货的降落伞中随机挑出一个，让厂商的负责人装备上身后，亲自从飞机上跳下。这个方法实施后，降落伞的合格率立刻就变成了100％。

刚开始厂商还总是强调难处，为什么后来制度一改，厂商就再也不讨价还价，还乖乖地绞尽脑汁提高产品质量呢？原因就在于前一种制度还没有最大限度地涉及厂商的自身利益，以致厂商对那0.1%的不合格率没有切身的感受，甚至认为这是正常的，对伞兵每千人死一人的现象表现漠然。后来制度一改，让厂商先当一个"伞兵"，先体验一下这个0.1%的感受，结果奇迹出现了，相信这一定是厂商"夜不能寐""废寝忘食"的结果。

管理员工离不开制度，好制度胜过一切说教。

好的制度设计对社会和企业都非常重要。只要制度定得好，人性、良知、觉悟、教养、能力等有关人的一切都会是好的，企业乃至社会都会兴旺发达，否则反之。

18世纪，大英帝国向世界各地殖民之时，英国探险家到达澳大利亚并宣布其为英国属地。当时英国普通移民主要是去往美国。为了开发蛮荒的澳大利亚，政府决定将已经判刑的囚犯运往澳大利亚，这样既解决了英国监狱人满为患的问题，又给澳大利亚送去了大量的劳动力。

政府将犯人从英国运送到澳大利亚的船运工作交给私人船主承包，只支付长途运输囚犯的费用。一开始，英国的私人船主向澳大利亚运送囚犯的情况和美国从非洲运送黑人的情况差不多，船上拥挤不堪，营养与卫生条件极差，囚犯死亡率极高。据英国历史学家查理·巴特森所著的《犯人船》一书记载，1790年到1792年间，私人船主运送囚犯到澳大利亚的26艘船共4082名囚犯，死亡498人。其中一艘名为海神号的船，424名囚犯死了158人。

如此高的死亡率不仅给经济带来了巨大的损失，而且在道义上也引起了社会强烈的谴责。原本罪不至死的囚犯却要在海上运输中面对一次死刑的煎熬。如何解决这个问题呢？政府想到了一个方法，他们不再按上船时运送的囚犯人数来给船主付费，而是按下船时实际到达澳大利亚的囚犯人数付费。因为按上船时人数付费，船主就会拼命多装人，好得到更多的钱，而且途中不给囚犯吃饱吃好，把省下来的食物成本变为利润，至于有多少人能活着到澳大利亚则与船主无关。但是当政府改变方法，按实际到达澳大利亚的人数付费时，能有多少人到达澳大利亚就变得至关重要了。

这些囚犯成了船主的财源，船主自然也就不能虐待他们了，正如牧羊人不会虐待自己的羊一样。这时私人船主就不会一味地多装囚犯，因为要给每个人多一点生存空间，要保证他们在长时间的海上生活后仍能活下来，还要让他们吃饱吃好，当然还要配备医生，带一点常用药等。这些抉择与措施原本是极其复杂的，不过新的方法实施后，这些就变成了船主的事而不是政府的事了。

据《犯人船》一书介绍，当政府这种按到达澳大利亚人数付费的新制度实施后，出现了立竿见影的效果——1793年，3艘船到达澳大利亚，这是第一次按从船上走下来的人数支付运费。在422名囚犯中，只有1人死于途中。后来这种制度经过修改完善后普遍实施，政府按到澳大利亚的人数和这些人的健康状况支付费用，甚至还有奖金。这样，运往澳大利亚囚犯的死亡率迅速下降到1%～1.5%。

私人船主的人性没变，政府也并没有立法或建立庞大的机构与人员去监督，只是改变了一下付费制度，一切问题就迎刃而解了。这正是制度经济学强调制度重要的原因。

英国政府解决这个问题的办法非常巧妙。第一，他们没有乞求船主发善心，寄希望于道德说教的作用；第二，他们也没有设立什么新的政府监督机构，委派什么押运官员，而是对原有的制度进行了一个简单的创新性修改，用好制度解决了一个原本很麻烦的问题。

企业的规章制度，归纳起来，大体分为以下三类。

（1）基本制度。如董事会制度、股东会制度以及各类民主管理制度等。

（2）工作制度。即有关工作的制度，如计划管理工作制度、市场营销工作制度、生产管理制度、人力资源管理制度、物资供应管理制度、财务制度等。

（3）责任制度。这是规定企业内部各级组织、各类员工的工作范围、职责和权限等的制度。

在任何企业里，都需要规章制度。一套好的规章制度是管好员工的保证，它胜过一切说教。

把"自由"之屋搭建在"限制"的围墙里

悬衡而知平，设规而知圆，万全之道也。

——《韩非子·饰邪》

释义：悬挂衡器才知道平不平，设置圆规才知道圆不圆，这是万全之道。

有一则寓言是这样的：河水认为自己被限制了自由，而这都是因为河岸。河水一气之下冲出河岸，涌上原野，吞没了房屋与庄稼，给人们带来了灾难，它自己也因为蒸发和大地的吸收而干涸了。

河水在河道里能掀起巨浪，推动巨轮，而当它冲出河岸以后，就只能导致灾害，既危害了他人，又毁了自己。

人人都向往自由，但自由若不受约束会导致具有破坏性。所以，制度或规则既是对自由的限制与规范，也是对自由的捍卫与保护。

汽车在高速公路上奔驰，火车在轨道上自由行驶，轮船在航道上破浪前进，飞机在航线中航行。要知道，若离开了公路、铁轨、航道、航线，它们就丧失了行动的"自由"。它们获得行动"自由"的前提，就是遵守交通规则。

在城市里如果没有交通规则，你骑自行车乱闯红灯，他驾驶汽车横冲直撞，我随意穿越马路乱走，那么，交通状况必定是一片混乱，交通事故会频繁发生。

如果有严格的交通规则，即便人多车杂，行人车辆也会各行其道，穿梭有序，就会有条不紊，畅通无阻。

人类的一切活动都受到规则的限制，规则既保证了人类活动的顺利进行，又保证了人类活动能够产生有意义的结果。

新加坡以制度制约不文明的行为闻名于世，很多小事都有相关的法律，如家中蚊子成堆，一旦罪名成立，要坐牢3～6个月，或处以5000～10000新加坡元的罚款；如果有人把物品扔下楼，就犯了"鲁莽行事罪"；为了禁止在电梯中小便的行为，电梯内都装有尿液侦察器，一旦有人小便，电梯会自动停止，困住肇事者；乱扔垃圾的人，要穿上印有"劳改"字样的黄背心，他们不仅会被罚打扫卫生，还会被媒体曝光。

新加坡人要遵守的法律和规定很多，这么多制度悬在头顶，会不会很麻烦？是不是限制了人身自由？有记者在新加坡当地随机询问，所有人都笑着回答："不做'不可以'的事就行了。"

"不可以"是新加坡人常说的话，做一名好公民，不做"不可以"的事，是他们的基本原则。"限制"作为自由的对立面，是自由赖以存在的基础，这符合哲学对立统一的观点。完全没有"限制"的自由不可想象，没有了"限制"也就无所谓自由，更谈不上争取和享受自由。

人们常说："断线的风筝会落地。"不错，风筝在空中的自由，是受到长线的束缚而得到的。一旦系着它的线断了，风筝就会一头栽到地上，失去飞翔的自由。

同样的道理，企业要想做大做强，就不能由着性子胡来，必须要有一套有效可行的规则保证发展顺利进行。自由散漫可能一时不会出问题，但绝对逃不出饥一顿饱一顿直至消亡的结局。能人治理，可以使企业从无到有，从小到中，但绝对不会到大到强，经久不衰。有了统一的制度标准，企业的发展目标才会明确，员工的行为才会一致，各项工作才能有序开展。

分粥理论：制度到底该如何设计

赏罚不明，百事不成；赏罚若明，四方可行。

——冯梦龙《东周列国志》

释义：若是赏罚不明的话，任何事情都难以做成；但若赏罚分明的话，任何事情都能做成。

很久以前，一个荒岛上住着7个人，他们每天的饭食便是一小锅粥，但是又没有任何度量器具。刚开始，他们随意指定了一个人全权负责分粥，但很快就发现，这个分粥负责人总是为自己分最多的粥。换一个人负责后，结果还是一样，分粥负责人总是给自己分得最多。于是，大家决定轮流分粥，每人负责一天。

结果一个星期之后，每个人都只有一天能够吃饱，也就是自己负责分粥的那一天。于是，他们又尝试换别的办法，即共同推举出一个大家都信得过、品德高尚的人来主持分粥。

一开始这个人尚能公平分粥，但不久大家纷纷挖空心思去讨好他，希望能多分到粥，慢慢地，分粥者便只给自己和拍马屁的人多分粥，长此以往，分粥又变得不公平了。

人们只好又尝试新的分粥办法，即成立分粥委员会和监督委员会，建立分权和制约制。这样，公平基本做到了，但是由于监督委员会经常提出各种问题，分粥委员会又据理力争，等到分完，粥早就凉了。最终，大家想到了一个最好的办法：轮流负责分粥，但是负责分粥的人在每次分好7碗粥后，要等其他6个人都挑完，自己再吃剩下的最后一碗。于是，为了不让自己拿到最少的那一碗，负责分粥的人每次都尽量平均分粥，就算不够绝对平均，负责分粥的人也就只能认了。从此以后，大家快快乐乐，和和气气，日子越过越好。

这个故事讲述了一个浅显的道理，说明了制度设计与制度管理的重要性。制度设计得不同，就会有不同的情况。为了强化管理，不少企业会制定很多的制度，办公室墙上挂的都是各种管理办法或规章制度的条文，似乎时时处处都可以感觉到制度的存在。但从实际情况看，企业内仍然存在着不少由于管理上的漏洞所带来的消极影响。比如，人员工作的积极性低，没有效率，"干与不干一个样，干多干少一个样，干好干坏一个样"的现象依然存在，丝毫没有消亡的迹象；部门之间互相推诿，办事效率低下，并没有体现出高度的责任感；个别领导不管制度，不懂率先垂范，在分配工作与职业晋升等重要事项上还是一言堂；贪污腐败、形式主义等时有出现，无法杜绝。由此，制度虽然很多，但实际情况是，制度不但没有发挥出预想的效果，反而拖了后腿。

实际上，企业之所以存在这样那样的问题，根本原因就在于这些制度在设计之初就没有能够真正体现出公平公正，没有被很好地运用，与实际需求不相符合，从而体现不出制度对各种事项的规范作用。

"分粥理论"告诉我们：先进适用且高效化、公平公正且民主化、奖惩分明且激励化的制度，才是搞好内部管理的基础，我们需要根据实际情况去使制度创新。落后僵化、脱离实际、流于形式的制度安排，不但对提高工作效率无益，反而有害于日常管理。就拿上面讲到的分粥故事来说，前几种分粥办法，或造成分粥不公平的结局，影响大家的积极性；或给"掌勺者"以可乘之机，使其有以权谋私的机会；或效率不高，在一件极简单的事情上浪费太多的人力物力。而只有最后一种方法，看着简单，实际适用，且包含了深刻的管理哲学，具有更宽广的适用性。

设计不同的制度，就是为了在制度出台以后随之形成不同的企业风气。一项好的管理制度，一定是在实际运用过程中不断修订与创新，使其逐渐合理适用，既有利于操作，又能体现制度的公平公正。因此，适用的制度是根据实际的需要制定出来的，而不是制造出来或照搬而来的。它既要体现民主化、公正性，具有很强的针对性和适用性，又要体现奖惩分明的绩效原则，这样才有利于提高企业员工的积极性和创造性，做到"以奖扬长，以惩避短"。

组织架构是制定制度的重中之重

欲成方圆而随其规矩，则万事之功形矣，而万物莫不有规矩，议言之士，计会规矩也。

——《韩非子·解老》

释义： 想要画成方形和圆形就得沿着圆规和角尺来，做各种事情都像这样，那么各种事情的功效也就形成了。而万事万物没有什么东西没有规矩，出谋划策的人，就是懂得谋划如何使自己的计谋合于规矩。

组织架构是企业赖以存在的基础，是制定其他制度的前提，也是各种命令得以传达的通道。任何企业的建立，首先要建立的便是组织架构。

建立一个完整的组织架构本身就是一种管理程序，是任何有效的管理制度中至关重要的一环。

组织架构是管理程序的基础，也可以说是一种规划程序。建立组织架构可按以下步骤进行：首先，领导者需要决定为了实施计划，必须进行哪些工作或活动，哪些是应做的事或应执行的任务。然后，将这些活动分成各种职位，以便分派任务给各个员工，成为他们的职责。接着，授权给每个职位相应的权力，使处于该职位的人可各行其责，或分派他人执行。随后，决定各职位间的职权关系，即决定谁该向谁汇报，以及身居各职位的人拥有何种职权，如此可明确大家的隶属关系，以及各人的职权种类与范围。最后，决定胜任各个职位必须具备的条件。

一般来说，组织制度有以下几种形式。

1．直线型

直线型组织制度是早期出现的一种最简单的组织制度形式。这种组织制度把职务按垂直系统直线排列，各级管理者对所属下级拥有直接管理权，组织中每一个人只能向一个直接上级报告。优点是：各级领导对下属单位来说是唯一的行政负责人，方便统一领导和指挥，各职能部门对下一级组织在业务上负有指导的权力和责任，这样可以充分调动各职能部门的积极作用，让其直接参与管理和领导。但这种组织方式也有缺点，如各职能部门在某一下级单位开展工作时发生的矛盾和冲突，自己无法解决。

2．职能型

除了直线管理者外，职能型组织制度内部还相应设立了一些组织机构，以分担某些职能。这些组织机构有权在自己的职能范围内向下级下达命令和指示。也就是说，下级直线管理者除了接受上级直线管理者的制度管理外，还必须接受上级其他职能机构的制度管理。

3．直线参谋型

直线参谋型组织制度集合了上面两种组织形式的优点，设置了两套系统，一套是按命令统一原则组织的指挥系统，另一套是按专业化原则组织的制度管理职能系统。直线部门和人员在自己的职责范围内有决定权，对其所属下级的工作可以指挥和命令，并全权负责；而职能部门和人员仅是直线管理者的参谋，只能对下级机构提供建议和业务指导，没有指挥和命令的权力。

4. 直线职能参谋型

直线职能参谋型组织制度集合了直线参谋型组织制度和职能型组织制度的优点，在坚持直线指挥的基础上，充分发挥职能部门的作用。直线管理者在某些特殊任务上可以授予某些职能部门一定的权力，如决策权、协调权、控制权等。

5. 事业部制

事业部制组织制度是指在总公司制度管理下设立多个事业部，各事业部有各自独立的产品和市场，实行独立核算，在经营管理上拥有自主性和独立性。这种组织制度的特点是"集中决策，分散经营"，即由总公司集中决策，事业部独立经营。

6. 矩阵型

矩阵型组织制度把按职能划分的部门和按产品划分的部门结合起来，组成一个矩阵，使同一员工既与职能部门保持制度管理与业务上的联系，又参加产品或项目小组的工作。为了完成特定的制度管理目标，每个小组都设有负责人，在组织最高领导的直接管理下工作。

7. 多维立体型

多维立体型组织制度是矩阵组织制度和事业部组织制度的综合体。其中按产品划分的部门或事业部是产品利润中心，按职能划分的专业参谋机构是职能的利润中心，按地区划分的制度管理机构是地区利润中心。

8. 综合型

若研究每个成功大型公司的团队系统，会发现上述几种组织形式分别应用于不同的管理层面，而中小型的公司有可能使用两种或两种以上的组织制度。所以硬把公司团队组织形式划分为单纯的"直线型"或"职能型"，并不能反映实际情况，最多只能说明某一层次或某一公司的主要标准。

比如，有些公司，老板之下就是一级部门（有的公司，老板与一级经理间还设有副手或协理），设立一级经理是为了帮助老板以"分工"及"专门化"的优点完成公司的目标。在一级部门之下，再依实际需要，分设二级、三级部门，然后是最基本的个别作业人员（或称"技术"人员，以区别于各级"管理"人员的职责）。

事实上，有的公司用"机能"来分一级部门，用"地区"来分二级行销部门，用"产品"来分二级生产部门，再用"过程"来分三级某些生产部门，用"机能"来分三级行销、财务、总务及其他部门。

类似这种组织制度，综合运用了上述几种组织形式，根本无法归类为某一种形式的组织结构，不妨称之为综合式。

事实上，除规模极小的公司外，很少有公司只采用一种组织形式。所以，当设计组织结构时，要根据公司需要，不可只重其外形不重其实质。

制度的设定应兼顾公平和效率

公与平者，即国之基址也。

——何启

释义：公正与平等，是一个国家健康发展的地基。

在社会组织形式中，个人都是有趋利性的。正如《史记》中所写的那样："天下熙熙皆为利来，天下攘攘皆为利往。"然而在企业中，如果任由这种趋势泛滥，企业就会变得一片混乱，企业的内部秩序也将一团糟。因此，为了规范人们的"趋利"本性，制度随之产生——它的首要功能就是规范人们的行为，使人们工作更加规范。

那么，是不是企业只要有了制度就能解决所有的问题呢？是不是有了制度就能阻止人类"趋利"的本性呢？答案是否定的。纵观历史，制度是由人制定的，谁在制定制度的过程中起主导作用，谁就有可能在制定制度的过程中为自己或自己的利益集团谋"利"，制度从而也就变成了一些人的获利工具。由此可以得出结论，制度无论怎样制定、由谁制定，企业都需要它，不然企业内部的秩序就无从保障。因此，如何才能让制度充分发挥其功效就成了企业最重要的问题。而这一问题解决的关键是，设立公平原则与效率原则。

公平是很多企业一贯追求的目标，然而公平却又不容易实现。不同历史时期的不同发展阶段，公平都被赋予了不同意义。但如果在制度的合理设定中，公平似乎又是可以实现的，即制度的设置须为大多数人"谋利"。换句话说，制度的设定要为企业大多数人所认同和接受，并且被严格地执行。那么，怎样才能做到这一点呢？首先，制度的设定必须符合企业大多数人的意愿，这是制度公平的前提。正所谓"顺应民心者得天下"，制度的设定只有成为大家共同的需要，符合企业大多数员工的意愿，它的存在才牢靠。

其次，制度的设定也应该是公开、透明的，这是制度公平的关键。既然制度要符合企业成员的意愿，那么，就应该让企业成员参与其中，对制度设定的过程进行监督，使企业成员有表达意愿的机会和渠道，让所有的过程公开进行，正所谓"公道自在人心"，公平也就显而易见了。

最后，制度应该是为大多数人谋利并可执行的，这是制度公平的关键。设定的制度，不是被束之高阁让人顶礼膜拜的，而应该是可以执行、为民众谋福利的。

然而，公平也存在着缺点：妥协性和平均性。任何的公平都是各方面相互妥协的结果，讲究公平过了头，则会使企业成员坐享其成而无视公平的真正含义，从而产生平均主义的惰性。因此，合理公平的制度又必须兼顾效率。那么，如何才能在公平的基础上兼顾效率呢？

（1）要明确制度运行的规则和程序。一旦制度运行的规则和程序确定了，运行起来就可以按部就班，从而避免混乱和无序，导致效率低下。

（2）要明确制度的执行者的职责。制度是要被执行下去的，执行者就成了制度是否具有效率的核心。因此，执行者要清楚自己的职责，责任在肩，执行者才可以高效地去完成任务。

（3）制度要清晰明了。企业制度要以解决组织中的问题为目的。因此，制度一定要有的放矢、清晰明了，要便于规划出解决问题的措施。

（4）制度要让所有员工明白和理解。制度是可以互动的，通过这个平台，制度的执行者和被执行者之间可以进行互动。为了保持这种互动，除了执行者要明确自己的职责外，被执行者也应该对制度知之甚详并充分理解，这样才能保证制度的效率不打折扣。

总之，制度将伴随企业发展、人类进步不断发展。不管怎样，制度是人类社会发展的必需，是社会秩序的保障，兼顾公平与效率的制度将在人类发展的长河中熠熠生辉。

建设及完善企业制度化管理

治民无常，为治为法。

——《韩非子·心度》

释义： 管理百姓没有固定不变的方法，只有依法来实施管理。

制度化管理是现代企业发展的大趋势，也是企业提升自身管理水平与竞争力的好办法。但同时我们也应该知晓，制度化管理的实现不是一蹴而就的，而是一个循序渐进的系统工程，需要稳步推动。那么，企业该如何进行制度化建设和管理呢？

1．确定企业的基本制度

制度都是由人来制定的，有时候，一旦管理层发生变动，制度也往往会跟着变化。但是如果有基本制度的制约，要改制度就很困难。一个成熟的企业应该有一个章程，从而明确：哪些规定应该由谁来制定，由谁来审查，由谁来通过；要想修改，应该走什么程序。制定这样一个基本制度以后，"朝令夕改"就很困难了。

2．确立制定制度的程序

制度设定是否能达到预期目的，在一定程度上由设定制度的程序是否民主决定。通常，制度的制定过程应当充分体现制定者的民主意识和务实精神，这就需要制定规章制度时必须遵循这样一个流程：调查—分析—起草—讨论—修改—会签—审定—试行—修订—全面推行。也就是说，先要经过充分调查、认真研究，才能起草。初稿形成以后，还要经过各职能部门反复讨论，缜密修改。经过有关会议审定后，先在小范围试行，再针对试行中暴露的问题，认真进行修订。

其中，重要的规章制度还要提请董事会、党委会或职代会通过，再报上级管理部门批准。只有遵循上述基本流程，所制定的管理制度才能符合企业实际和员工意愿，才能在管理过程中达到以制度管人的效果。

3．确定参与人员

在很多企业里，规章制度几乎都是由几个高层领导来制定的，甚至具体到某一业务标准时也是由他们制定的。这种现象已成为一种惯例。但其实高层领导可能对现场作业流程并不熟悉。因此，最好从企业中抽调一些不同部门、不同层次的人参与制定规章制度，并选定将来执行规章制度操作管理的人，共同参与制定，必要时还可请管理咨询专家和其他企业同仁共同设计。这样制定出的规章制度就比较规范且具有可操作性。

4．确定内容

不同的企业由于其生产性质和行业背景不同，规章制度的内容也应该不同。但如果企业的规章制度符合当今时代发展潮流，其中就必然包括有关企业自身实际情况的内容，主要包括：企业的民主管理制度；集中管理与分散经营相结合，即集权与分权相结合的运行机制；以参与国际竞争、占领国际市场为目标的经营战略体系；企业的文化生活制度；配套的营销管理、产品研究与开发管理、生产管理、财务管理、人力资源管理等具体制度。

5．确定部门

确定的这个部门其职能是：在制定制度时负责各个部门制度的协调；对企业的制度进行汇编；发现新旧制度有冲突时要及时废止旧制度，确保新制度的执行。

而当完成这些基础的工作之后，就要开始完善整个公司的制度建设，一个健全的制度对任何组织而言都非常有效。社会的发展是如此，企业要生存、要发展，也离不开良好的制度。

那么，什么样的制度才是健全的呢？它应该具备哪些特征呢?

1．利益相关性

好制度着眼于将目标与执行者的切身利益最大化，利用人的理性和趋利避害的本性去约束人的弱点，以制度规范管理体系为根本，从而达到制度化与人性、制度化与活力的平衡。当员工意识到制度是在保护自身的利益时，就会积极地维护制度，并愿意为之付出，即使违反了制度也非常明确自己将会受到什么样的惩罚，从而实现了制度约束与员工自我约束的有机结合，充分激发员工的自我管理意识，引导员工主动地服从、快乐地坚持、创造性地工作。

2．权威性

好制度必须体现权威性。任何人、任何组织都必须对制度坚决服从。在制度面前人人平等，违反者必须接受制度的惩罚，就算他们是为了组织或团体的利益，也不例外。好制度就是高压线，它的威慑力能够使企业经营活动顺利进行，使复杂的管理工作有法可依、有章可循，使企业与大众步调一致。

3．公平性

好制度不因性别、年龄、学历、人情、背景和种族的不同而不同，只由效率高低决定贡献大小，从而防止有人不劳而获。

4．具体性

好制度对各岗位工作都规定得很清楚，能够清楚地指导员工趋利避害，限制员工的主观随意、做事隐蔽，加强相互监督，保证企业正常、有序运营发展。

5．可操作性

好制度具有可操作性，定位准确，与企业自身的情况和员工现有的接受能力及素质水平相匹配，使众多员工不至于因达不到要求而失去信心，也不至于因标准过低而产生懈怠心理。

6．简明性

好制度的表述具有简明性，使执行者一看便知道怎么执行，员工一看便明白如何遵守。因此，我们在制定制度时要防止条文过于复杂，避免意思表达含糊不清。

7．严密性

好制度应当在出台前充分考虑在实施过程中可能遇到的各种突发情况与因素，尽量做到措辞严谨，无懈可击。

8．预防性

建立制度不仅仅是为了"纠错"，更是为了"预防"其他企业曾经的教训，预防可能发生的错误和可能造成的损失。制度建立后，必须力求完整全面。对于极有可能发生的事情，必须提前想到并做出相应的预案，如果等到员工发生不合理的行为后再作规定，那不仅是不合理的，而且也是很没有效率的制度。

培养员工的规矩意识

盖天下之事，不难于立法，而难于法之必行。

——张居正《请稽查章奏随事考成以修实政疏》

释义：天下大事，困难的不在于要制定什么法律，而在于立了法就一定要执行。

"没有规矩，不成方圆"，这句古话到如今依然是至理名言。

任何一个团队，如果没有规矩的约束，就有可能成为一盘散沙。曾有人质疑规矩意识过多会导致团队行动僵化，然而没有规矩将会导致建立团队的基础不牢靠。对团队管理者来说，培养员工的规矩意识是非常必要的。

众所周知，团队是人与人的组合，并且每个人都有自己的思想和行为。但是在团队里，需要尽量避免个人思想和行为过分突出，团队的整体步调应该一致，所以规矩的约束不能缺少。

团队的管理不应该是随时、随地、随意由某个人处置，无章可循。建立企业管理制度，让每个人树立规矩意识，在制度的轨道下做事，团队才能长治久安。

在每个团队建立之初，管理者首先要做的就是制定明确的制度规范，为自己的团队规划规矩方圆。制度也包括很多层面：财务条例、保密条例、纪律条例、奖惩制度、组织条例等。设置这些规章制度对员工规则意识的养成十分有利。

"00后"员工王钢大学毕业后进入一家工厂公司做市场

销售的工作。原本这是一份前景非常好的工作，王钢却因为在细节上出了一些错误，和老板、同事的关系弄得非常紧张，这令他沮丧万分。

原来王钢无视公司规章制度，上班时不仅打游戏，而且经常讲起电话来没完没了，云山雾罩，唾沫横飞。

一天，王钢正在打电话，讲到高兴处哈哈大笑，正好被下来检查工作的领导逮了个正着，领导当场就发了火，勒令他按照公司的制度办事，不可以在上班时间打私人电话，影响他人的工作，并且让他选择，如果继续随性就请另谋高就，如果要继续为公司服务就照章办事。

在企业中，有不少员工不懂"规矩"，不断挑战公司制度的红线，扰乱工作秩序，导致团队工作效率下降。

什么是规矩？规矩有什么作用？简单来说，规矩就是做事的标准，告诉员工什么该做、怎样做、什么不该做，既可防止员工办错事，又可惩罚办错事的人。

查看那些已经有百年历史的企业：IBM、花旗银行、同仁堂……我们可以发现，有规矩的企业才能有机会成为真正的百年老店。再往前追溯，春秋时期的军事家孙武正因为懂得"立规矩"的重要性，才有所成就。

一次，孙武拜见吴王阖闾。吴王说有一批女兵，问他能不能训练，孙武说："可以。"于是吴王便将一百多位宫女拨给他。孙武把宫女编成两队，用吴王最宠爱的两名妃子为队长，然后教给她们一些军事的基本动作，并告诫她们不可违背军令。

谁知孙武开始发令时，宫女们都觉得好玩，个个都在发笑。孙武刚开始以为自己话没说清楚，便重复一遍，等他第二次发令时，宫女们还是哈哈大笑。这次孙武生气了，便下令把队长拖出去斩首，理由是队长领导无方。

吴王听说孙武要斩他的爱妃，急忙赶来求情，孙武却说："大王既然已经把她们交给我来训练，我就必须依照军规来管理她们，任何人违反了军令都该接受处分，这是没有例外的。"结果真的把队长给斩首了。

宫女们见孙武如此严格，都吓得脸色发白。等到孙武第三次发令时，再没有一个人敢笑了，训练也终有所获。

规矩立起来了，大家就有了行动准则。进一步讲，企业之间的竞争实际上也是规矩之争，作为制定规矩的企业领导者来说，谁的胸怀和气度大，谁就能立起有效的规矩，谁的企业就能脱颖而出！

对于管理者来说，如何培养员工的规矩意识，并得到他们的认同，这是一个值得思考的问题。

企业的"热炉法则"

公私不可不明，法禁不可不审。

——《韩非子·饰邪》

释义：公私的分别不能不清楚，法律禁令不能不严明。

热炉法则源自西方管理学家提出的惩罚原则，由管理学家麦格雷戈提出，"热炉法则"包含以下几个要点。

（1）预警性——炉子被烧得火红，一般情况下不用手摸也都知道是烫的。

我们在工作过程中，要在心里设立标准，要知道做什么会违反企业规定，怎么做才能维护企业的权威。

（2）惩罚性——每当你碰到热炉，毫无疑问会被灼伤。

工作过程中一旦触犯企业的规章制度，就一定会受到惩处。

（3）及时性——只要碰到热炉，灼痛就马上发生。

任何惩处都会在发生错误后立即被执行，不会留给我们后悔的时间和机会，因此，执行工作中要提醒自己，将触犯纪律的失误减至最少。

（4）公平性——不管谁碰到热炉，肯定会被烫伤。

在团队管理的过程中，团队的规章制度对每一个人都适用，无论是谁，违背了规章制度就一定会受到惩处。即使自己身为管理层，又或者作出过很大贡献，只要触犯了团队的规章制度都必须受到惩罚。这是"热炉法则"的关键所在。

在一个企业里，规则规范对于员工来说，就是不可触摸的"热炉"。一个好的员工把规章制度看作生命，把严格遵守规章制度当成工作的重要部分。团队管理者必须训练员工重视"热炉"效应，让员工敬畏规则、遵守规则。

一个有原则、守纪律的员工必定是让人放心、受人尊重的人，以维护团队的利益为己任。这样的员工可以跟随团队一起成长，始终受人信赖。

2023年年初，李君尧顺利进入一家外企在北京设立的办事处，丰厚的薪水、较大的晋升空间，令人羡慕不已。公司不大，人尽其才，李君尧逐渐成长为一个合格的运营助理，辅助运营人员做一些运营、文档方面的工作。慢慢地，李君尧可以独当一面了。

然而，李君尧也渐渐生出自满情绪，对运营人员乃至部门安排的任务，要么就是有选择性地做，要么就是抛诸脑后，态度甚是傲慢。由于李君尧是公司唯一的女性，有时跟同事发生矛盾，只要没有违背原则，总经理总是以"男士要有绅士风度，不要跟女孩子计较"为由，让男同事让着李君尧。

有一次，李君尧和三个同事一起去参加展会。开展那两天，由李君尧负责的好几个文件都被她落在家里了，虽说公司同事通过邮件救了场，但也影响了工作，几个同事就因不满说了她几句。回去后，李君尧竟赌气递交了辞职信。总经理为稳定团队，挽留了她，李君尧因赢得"胜利"而暗自得意。可没想到，此后递辞职信竟成了李君尧的杀手锏，一有不如意就赌气闹辞职。年底，总经理终于在辞职信上签名允准。

事情弄假成真，李君尧后悔莫及。

李君尧被辞退，是"罪"有应得，谁让她把企业的制度视若尘埃，把纪律当作儿戏呢？

一个不尊重企业制度、不遵守企业纪律的人，根本不可能是一个有团队精神、对企业负责的好员工。巴顿将军说过："纪律只有一种，就是完善的纪律。假如你不执行、不维护纪律，你就是潜在的杀人犯。"当然，目无制度、不守纪律者的言行不仅会危害企业，还会给他人、给社会带来不可估量的灾难。

员工认同企业，首先要让员工服从企业的制度和规矩。员工应该将遵守纪律规则作为自己的行动准则，将纪律规则作为自己的行动指南。因此，对员工来说，避免出现一系列违背团队纪律和规则的行为是非常必要的。

　　有些人智商很高，却习惯于违背规则、投机取巧，并且不愿意付出与成功对等的辛劳。他们渴望成功，却又不愿道路艰辛；他们渴望胜利，却又不愿作出任何牺牲。投机取巧和违背规则都会让人却步，只有勤奋踏实地工作，才能给自己带来成就感，并为个人的职业发展打下良好的基础。一个人的成功，是必须以严格遵守规章制度为前提的。

　　另外有一些人的失败，是因为他们粗心大意、莽撞草率，工作时没有把纪律放在心上，也不严格要求自己，将半成品、成品、废品随意摆放，将个人用品和办公用品胡乱堆放，对团队的规章制度只是应付，久而久之，就形成懒散、马虎的习惯。员工一旦养成这种坏习惯，就会对执行力、执行结果造成极坏的影响。

　　有人曾经说过："无知和好高骛远是年轻人最容易犯的两个错误，也常常是导致他们失败的原因。"有很多人怀有远大的理想，充满工作激情，一心想要成就一番丰功伟业。然而当他们在平凡的岗位上平静地工作时，就会显得漫不经心，容易出现疏忽怠惰，最终酿成错误。

　　所有人都不能忽视团队的制度和纪律，否则就会给企业和个人带来损失。

　　一个对自己职业和团队认同的人，必定是一个具有强烈规范意识的人。对于工作的理解也最深刻，他们会严格遵守企业的规章制度。

第六章

奖赏若有道，人必勇向前

建立完善有效的激励机制

当时而立法，因事而制礼。

——《商君书·更法》

释义： 依据时代的特点而出台法令，针对社会的现实而制定礼仪。

强化工作动机可以使工作绩效改进，诱发员工的工作热情与动力。这里所说的是管理者所做的所有努力只是一个诱发的过程，能真正激励员工的还是他们自己。

要想打开员工们内心深处紧锁的门，管理者必须要好好地谋划一番，建立一个有效的激励机制。那么，一个有效的激励机制应该具备哪些特征，符合什么样的原则呢？

（1）简明性。激励机制的规则必须简明扼要，且容易被人解释、理解和把握。

（2）具体化。仅仅大喊"多干点"或者说"别出事故"是根本不够的，员工需要准确地知晓上司到底希望他们做什么。

（3）可实现。每一个员工都应该有一个合理的机会去赢得某些他们希望得到的东西。

（4）可估量。可估量是为了制订激励计划，如果具体的成就不能与所花费用联系起来，计划资金就会白白浪费。

一个高效激励机制，需要企业的管理者将企业自身的情况，以及员工的精神需求、物质需求等多方面进行综合考虑，更新管理观念与思路，采取行之有效的激励措施和激励手段。

具体来说，应当做到以下几点。

1．物质激励与精神激励相融合

管理者在制定激励机制时，既要考虑到物质激励，又要考虑到精神激励。物质激励是指用物质刺激的方法来激励员工工作，包括发放工资、奖金、津贴、福利等。精神激励包括口头称赞、书面表扬、荣誉称号、勋章……

在实际工作中，一些管理者认为只有物质激励才会使员工有干劲儿，有物质才能有激情；精神激励好看却不中用，起不到什么作用，因此他们并不重视精神激励。事实上，人类不但有物质层面的需求，更有精神上的需求。如果只给予员工物质激励，往往不能达到预期的效果，甚至还会产生反作用。美国管理学家皮特就曾指出："重赏会带来副作用，因为高额的奖金会使大家彼此封锁消息，影响工作的正常开展，整个社会的风气就不会正。"因此，管理者必须把物质激励和精神激励相互结合，才能调动员工的工作积极性。

2．建立和实施多渠道、多层次的激励机制

激励机制是一个向前发展的系统，要随着时代、环境、市场形势的变化而不断变化。因此，管理者要建立多层次的激励机制。

联想集团就是靠着多层次激励机制创造奇迹的。联想集团在不同时期有不同的激励机制。对20世纪80年代的第一代联想人，集团主要注重培养他们的集体主义精神，并满足他们的物质需求。而进入20世纪90年代以后，新一代的联想人对物质要求更为强烈，并有很强的自我意识，基于这一特点，联想公司重新制定了新的、合理的、有效的激励方案，那就

是多一点空间、多一点办法，多种激励方式相结合。例如，有突出业绩的业务人员和销售人员的工资和奖金甚至比他们的上司还高许多，这样就能使他们安心工作。联想集团的负责人自始至终认为，只有一条激励跑道一定会拥挤不堪，一定要设置多条跑道，采取灵活多样的激励手段，这样才能最大限度地激发员工的工作积极性。

3．充分考虑员工的差异性，实行差别激励的原则

企业要根据不同的类型和特点制定激励机制，而且在制定激励机制时一定要考虑到每个人的差异。例如，有的员工相对而言对物质激励更为看重，有的员工则更注重晋升渠道；有的员工自主意识比较强，对工作条件等各方面要求比较高，有的员工则因为家庭等原因比较安于现状，相对而言比较稳定；有的人更注重实现自我价值，他们更看重的是精神方面的满足，如工作环境、工作兴趣、工作条件等，而有的人则首先注重的是基本物质需求的满足；在职务上，管理人员和一般员工之间的需求也大相径庭。

因此，企业在制定激励机制时，一定要考虑到企业的特点和员工的个体差异，这样才能使激励获得最大效力。

4．管理者的行为影响激励机制的成败

管理者的行为对激励机制的成败非常关键。其一，管理者要做到廉洁自守，自己不要多拿多占，从而对员工产生负面影响；其二，要做到公正不偏，不任人唯亲；其三，管理者要经常与员工沟通，尊重并支持员工，对员工所做出的成绩要及时表扬，在企业中建立"以人为本"的管理理念，为员工创造良好的工作环境。此外，管理者要为员工树立榜样，使下属尊敬自己，增加企业的凝聚力。

建立有效、完善的激励机制，除了做到以上几点之外，还要注意以下两个方面的问题。

（1）要认真贯彻实施，避免激励机制流于表面。很多管理者没有真正认识到激励机制是企业发展必不可少的动力源，他们往往把激励机制的建立停留在表面，实施起来如空中楼阁，最终让激励机制成为一纸空文，没有发挥出任何效果。管理者一定要避免这种情况的发生，认真贯彻实施激励机制。

（2）要抛弃一劳永逸的心态。企业的激励机制一旦建立了，刚开始运行良好，管理者就可能固化这种机制，而不考虑周围环境的变化和企业的变化，这往往会导致激励机制越来越落后，起不了作用。管理者应该根据时代的发展、环境的变化不断变革激励机制。

人才是企业生存与发展的根本，企业想要在有限的人力资本中调动他们的积极性、主动性和创造性，有效的激励机制必不可少。因此，管理者一定要非常重视对员工的激励，根据实际情况，综合运用多种方式，把激励的手段和目的进行融合，改变思维模式，真正建立起适合企业特色、时代特点和员工需求的有效的激励机制，增强员工的积极性，使企业在激烈的市场竞争中立于不败之地。

最有效的13条激励法则

> 圣人之为国也，一赏、一刑、一教。一赏则兵无敌，一刑则令行，一教则下听上。
>
> ——《商君书·赏刑》

释义：圣人治理国家的办法是：统一赏赐，统一刑罚，统一教育。实行统一赏赐，军队就会无敌于天下；实行统一刑罚，政令就能得到推行；实行统一教化，下级就能听从上级的命令。

　　员工是企业生存与发展的根本，企业要发展，就必须依赖员工努力工作。因此，激励员工发挥其所长，贡献其力量，是管理者的首要责任。

　　下面介绍13种激励法则，管理者有效运用这些法则，可以帮助员工建立信任感，激励员工的斗志，使员工发挥所能，发挥其创造力、热情，努力工作。

　　（1）不要用强制的口气。好的管理者很少对下属发布命令，他们往往以劝说、奖励等方式让员工了解任务的要求并去执行，尽量避免直接下命令，如"你去做……"等。

　　（2）依照员工的能力委派工作，使他们得以发挥所长，圆满地完成工作。布置时，不要胡乱硬塞。

　　（3）让员工拥有支配权。员工需要对工作拥有支配权，如果他们凡事都需等候上司的指示和决策，那么他们就容易失去工作激情，对工作产生无力感。不过员工通常不熟悉做决策的技巧，因此管理者应该告诉员工不同的做法会有哪些不同的影响，然后让员工从中选择。

（4）为员工制定目标。制定目标比其他管理措施更能有效改变员工的表现，不过这些目标必须十分明确，而且是可以达到的。

（5）给予员工晋升的希望。如果公司缺乏晋升机会，管理者最好尽量改变这种情况，因为如果公司有晋升的希望，就可以激励员工努力工作。如果管理者不希望以晋升机会提高人事成本，起码也要提供一些奖励办法。

（6）倾听员工的意见，让他们觉得受到了重视。尽可能每月安排一次员工聚会，不用花很长时间，但是要借此机会让员工可以表达他们的想法与意见，而管理者则应用心记录谈话内容，以便采取措施。

自然，管理者不会同意每位员工的要求，但是不妨用心倾听员工的意见，因为员工会因为管理者的尊重而努力工作，从而表现得更好。

（7）信守承诺。好的管理者要永远记住自己的承诺，并采取适宜行动。如果你曾应允员工某件事，却又没有办到，那将失去员工对你的信赖。

因此，你不妨经常用笔记录，将对方的要求或自己的承诺写下来，如果一时无法兑现，最好让员工知道，你已开始去做，以及所遇到的困难。

（8）不要朝令夕改。员工工作要有连贯性，他们希望你下达指令不要朝令夕改，因此如果指令改变，最好尽快通知，否则员工会觉得不知道怎么办才好。

（9）及时给予员工奖励。每当员工圆满完成工作时，应立即予以奖励或赞美，这往往比日后的调薪效果要好。

（10）预防胜于治疗，要建立监督体系。每天审查公司动态与员工工作进度，以便在出现大问题之前，率先了解错误，防患于未然。

（11）避免轻率地下结论。如果管理者希望员工能百分之百地依照自己定下的方针工作，那么必然会大失所望。因为，每个人处理事情的方式都不同，你的方法未必是唯一正确的。所以，最好避免轻率地断言员工的做法错误，否则会影响他们的工作积极性，甚至做出错误的决策。

（12）心平气和地批评。批评也是一种激励，然而批评必须掌握方法，过于激烈的批评只会让员工感受到你的怒气，并产生对抗情绪，只有心平气和的批评才能让员工认识到自己的错误，并感受到你对他们的理解和期待，才能对员工产生真正激励的作用。

（13）激励员工建立办公室友谊。管理者应该给予适时的机会，让员工们在工作中相互交谈，和睦共处。有些人愿意在一个单位工作，是因为他们喜欢这个单位的环境与同事。所以，不妨经常举办聚会，增进员工间的感情。员工们在和谐的氛围里工作，必然会更有积极性，更有活力。

让利益与效益挂钩

> 仁者以财发身，不仁者以身发财。
>
> ——《大学》
>
> **释义**：仁爱的人用财富来发展自己，不仁的人以生命为代价去聚敛财物，人为财死。

一家公司的老总在团队管理中碰到一个头痛的问题：公司配备给员工的装修工具总是不够，不仅丢失率高，而且工具损坏率也高，既影响工作的开展，也让公司为此支付了高昂的费用。

为此，公司想了很多办法来解决问题，包括工具借用登记，检查和维修。公司想通过严格的监督程序来规范工人的工作态度，可惜每次都不了了之，不仅浪费了公司大量人力和物力，而且问题从未被解决过。

最后公司采用了一套新的工具管理制度，即工程队和员工可以自己购买电动工具，所有权归购买人，费用由公司和个人各出一半！员工对此反应积极，经过半年的试运营，实施效果良好，工具丢失和损坏的情况有了很大的改善，工具使用效率也得到相当程度的提高！

在这半年的试验里，有近一半的员工都购买了自己的工具。公司在此基础上，进一步作出决定：电动工具由工人自己购买，然后公司每日补贴1元，所有权仍归个人所有。从此以后公司电动工具的使用情况更是出乎意料地好。

人们只对有利于自己的东西负责任，一旦把公司利益与个人利益联系起来，公司利益就会得到保证。这是一条重要的管理经验。

员工利益应与团队经营状况挂钩。两者的关系应该成正比，即经营状况不好，不能多发；经营状况好，则不应少发。给员工提供相应的奖励机制，将会给员工带来活力，并且使团队的凝聚力增加，竞争力提高；反之，如果没有相关的奖励机制，则会损耗团队的竞争力。

管理者应该让员工感觉到个人利益和团队利益是一致的，员工必须和团队同甘苦、共命运。只有通过大家的努力，团队效益上去了，个人才会受益。

有一家外资团队，经营状况相当好，年度创利大增，而且还有不少新的拓展计划，但是在年终发红包时，总额比上年减少一半。据说是年终资金紧张，方方面面都要结账，新的拓展计划又占用了不少资金，所以要求大家咬紧牙关。

当红包发下去以后，员工们反应很强烈，他们直观地认为"经营越好、奖金越少""团队越发展、员工越倒霉"。这一减少，离散了员工和团队的关系，大家马上产生一系列想法：还要不要努力工作？是不是该跳槽了？结果，春节后该团队有不少员工都去外面找工作了，仅一个月内销售部就有4名员工辞职。

此外，奖金数额要有一个合理标准。公平，并不意味着不分职位都一样。在团队中职位有高有低，这是由团队赖以正常运作的组织结构所决定的。职位的高低，取决于个人能力及对团队的作用大小，由此在团队中的权力和所负的责任也不一样。

团队视职位高低给予不同的报酬，这是公平的，也是大家所认同的。"搞导弹的不如卖茶叶蛋的"的错误，再也不能重复了。这也是团队的价值观之一。

有一个团队的老总，让财务总监做一个红包发放方案，结果搞出一个不分职位的平均奖，并且公平到以出勤天数计算，让所有员工出乎意料地和主管、经理们平等了一次。这在员工中自然是赢得了一片叫好之声，但是主管、经理们都目瞪口呆，搞不清是怎么一回事，团队的价值观由此被毁。后来团队遭遇危机，中层干部有的推卸责任，有的隔岸观火，只剩下老总带着两三个亲信东奔西走，到处救火，叫苦不迭。

无疑，让下级充满干劲，一定要采用利益与效益挂钩的方式。杰克·韦尔奇说："我的经营理论是要让每个人都能感觉到自己的贡献，这种贡献看得见、摸得着，还能数得清。"

著名的思科公司非常重视用奖励机制来留住人才。在设置薪酬时，思科会进行全面的市场调查，确定员工的底薪不是业界最低的。这样，既不会造成团队运营成本过高，也不会因低于行业标准而影响员工的积极性。

调动员工积极性的还有思科丰富多样的奖金。思科希望员工的收入能够与其业绩更多地挂钩，于是他们以奖金的方式来激励员工。思科的薪酬设置大致分为三部分：销售奖金（销售人员）、公司整体业绩奖金（非销售人员）、期权（全体员工）。

思科还设有名为"CAP"的现金奖励，金额从250美元到1000美元不等。一个具有杰出贡献的思科员工，可以及时拿到这笔现金奖励。另外，每季度的部门最佳员工都会有国内旅游的机会。

当员工完成了某项工作时，最需要得到的是相应的肯定。

所以，作为领导不要吝啬，让员工的利益与效益挂钩，就能激励员工随时处于亢奋状态，做起事来事半功倍。

高薪激励对多数人有效

> 香饵之下，必有悬鱼，重赏之下，必有死士。
>
> ——黄石公《三略》
>
> **释义**：芳香的鱼饵下面肯定有上钩的大鱼，丰厚的奖赏下面肯定有效忠的死士。

在马斯洛的需求层次理论中，人首先要满足低层次的物质需要，然后才是高层次的精神需要。而作为物质需要的最主要体现形式，对于绝大多数人来说，高薪激励都具有相当大的作用。

《史记·货殖列传》说："天下熙熙，皆为利来；天下攘攘，皆为利往。"这句话说的就是人们忙忙碌碌所追求的无非一个"利"字。

有这样一则寓言故事：

有个齐国人很想得到黄金，他听到有人家藏万两黄金，十分羡慕，因为自己家连一两黄金也没有。有一天早上，他到市场上去看能不能捡到黄金。突然，他看到前面有一家金店，在柜台上摆着大块小块的黄金，还有各式各样的金器、金饰，闪闪发光。于是他来到店里抓起一把黄金，拔腿就跑。很快他被官吏抓住，官吏审问他："这么多人都在这里，你竟然敢抢走别人的黄金，这是为什么？"他回答说："我抓黄金的时候，没有看见人，只看到了黄金。"

这则寓言故事用夸张的手法描绘出"齐人"财迷心窍的形象。但是不可否认，高薪对绝大多数人具有非常明显的激励作用。在团队的激励手段中，高薪激励仍是提升工作动力的重要源泉。

人要生存、要发展，精神是支撑，物质是保障，所以薪酬对于员工来说极为重要。它不仅是员工的一种谋生手段，还能满足员工的价值感。事实证明，当一个员工处于一个较低的岗位时，他会表现积极，工作努力，一方面想提高自己的岗位绩效，另一方面也想争取更高的岗位级别。在这个过程中，他会体会到由晋升和加薪带来的价值感和被尊重的喜悦，从而更加努力工作。

在对员工进行行为激励的过程中，领导要充分认识到团队成员对高收入以及优厚报酬的追求是永恒的，领导只有在充分认识到员工的物质需求后才能进行有效的激励。而团队人力资源管理应遵循的一个基本原则就是不断满足员工日益增长的物质需求。

在经营管理史上，首先使用高薪激励的是福特汽车公司的奠基人亨利·福特，而他也用高薪赢得了高效。在引进流水线生产汽车后，福特进行了一项创新：每天支付给员工5美元的工资。当时美国人的日平均工资大约是2美元，听到这个消息很多人嘲笑他："福特疯了，如此高工资水平会让他破产的！"但是，福特工厂外面的求职者却因为5美元的日工资而排起了长队。

最后，令所有人没想到的是，尽管工资大大提高了，福特公司的生产成本居然还减少了。正如福特所说："这是我们所作出的最成功的降低成本的决策之一。"福特高工资的决策与采用流水线生产的方式是密不可分的，因为用流水线组织起来的工人是高度依赖团队合作的，假如一个工人旷工或工作缓慢，其他工人就无法完成他们的任务。所以说，这种生产方式需要高素质的工人，而且要求员工保证出勤率。为了达到以上几点要求，最好的手段莫过于给员工支付高薪。实践证明，福特公司工人的流动率下降了，缺勤率下降了，生产效率也大大提高了。

员工最根本的需求之一就是薪资，无论对谁，更高的收入总是很有诱惑力的。不管管理者用多么好听的言辞表示感谢，他们最终期望的还是得到自己应得的那部分，让自己的价值得到体现。

按员工的性格秉性进行激励

仁人轻货，不可诱以利，可使出费。智者达于数，明于理，不可欺以不诚，可示以道理，可使立功。勇士轻难，不可惧以患，可使据危。

——《鬼谷子》

释义：仁人君子轻财重义，不能以利相诱，反而可以让他们资助你。智者通晓古今，学识渊博，不能用计谋欺骗他，而要将事情的原委如实相告，用诚意打动他，并让他得到建功立业的机会。勇士不惧危难，危险也不能令他恐惧，可以让他在最危险的位置，反而能激发他的潜力。

在企业中，每一个员工都有自己的性格特点——有外向的、喜交际，有内向的、爱独处；有的安于熟练化、按部就班的岗位，有的偏好高风险、高挑战性的工作；有的长于管理团队，有的精于技术性工作……企业的管理者在日常管理中要花精力去了解和判断员工的性格特点、兴趣爱好，在进行激励的时候要尽量与其性格、爱好和特长相匹配。这样既能激发员工的工作兴趣和热情，又能充分发挥其所长，取得事半功倍的成效，实现员工与企业的"双赢"。

　　某公司的吴经理采取了许多提高员工工作动力的方法，如赞扬、发奖状、为员工提供更多的休息时间、公费旅游、发放奖金等，以激励员工的干劲。虽然吴经理如此煞费苦心，但是员工并没有买他的账，没有因为他的奖励而提高工作动力。主要原因就是吴经理犯了激励管理中的一个通病：没有因人而异地激发员工的动力，没有考虑员工性格特点的差异。最后，吴经理专门抽出两天的时间和每一个员工面对面地交谈，详细了解每个人的兴趣爱好、性格特点，非常认真地询问每个员工希望从工作中获得什么，最后确定每个员工在工作中寻找到的最有意义的动力源泉。他发现：××辛勤工作的最大动力是能够有机会不断提高自己的技术水平，而并不是多拿100块钱的奖金；××希望有自主决定工作方式的权力，这样他才会有更大的动力，而公费旅游对他没有任何吸引力；××不仅喜欢自己从事的工作，还喜欢与工作有关的社交活动……

　　吴经理在收集了各种信息后，就针对不同的员工制订了不同的激励计划，采取了不同的激励手段。现在，他所领导的团队具有非常高的工作动力与热情。

　　由此可见，管理者在对员工进行激励时，要根据他们的性格特点选择不同的激励方式。只有"对症下药"，才能事半功倍。

　　对于那些有主见、喜欢按自己想法做事的员工，管理者要对他们的正确意见给予积极的肯定和赞扬，并且对他们进行充分的授权，给他们广阔的、自由的空间去施展才华，从而激发他们的主人翁精神，让他们更有干劲。

对于那些自卑感比较重、很少发表自己的意见的低调员工，管理者要多给予他们一些关注和鼓励。如果管理者长期忽视他们，他们就会渐渐消沉下去，甚至觉得自己在公司是可有可无的，就更谈不上任何积极性、主动性了。所以，管理者对这一类型的员工要多多关心和鼓励，例如经常询问一下他们的工作进度，经常对他们说："你肯定能干好的！""继续努力！"

从本性来说，人是一种群居的动物，喜欢在某一个群体中生活。公司是一个群体，办公室也是一个交际的平台，在这里，管理者应该鼓励那些内向的、喜欢独来独往的员工进行交流，培养他们的团队精神，让他们产生归属感，让他们不再是寂寞的"独行侠"，从而增强他们的工作动力。

有些员工天生喜爱张扬，希望自己的知名度越高越好，对待这样的员工，管理者要积极创造机会，给他们提供展示自己的机会。例如，福特汽车与美国电报电话公司用他们的员工担任电视广告的角色。大西洋贝尔电话公司的移动电话部用优秀员工的名字作为中继站的站名。

有些员工自恃能力过高，对上司的意见、命令常常有抵触情绪。面对这样的员工，管理者要恰当地使用反激的方式，鼓励他们去做原来自己未打算做、不情愿做的事。

诸葛亮率师平定南中叛乱时，刚到当地便受到十五万敌军的阻击。他命人把赵云、魏延喊来，可是当两人来到大帐后，他却摇了摇头，又命人把王平、马忠叫来。王平、马忠到来后，诸葛亮说："现在叛军分三路而来。我本想遣赵云、魏延前往迎敌，可他二人不识地理，未敢擅用。你们俩可兵分两路，左右出击迎敌。"诸葛亮见赵云、魏延在一旁极不自在，便对他俩解释说："我不是不相信你们，南中山险难窥，地形复杂，你们是先锋大将，若令你们涉险入深，一旦被敌军暗算，会挫伤我军元气的。你们要谨慎从事，不可乱动。"赵云、魏延俩人越想越不是滋味，心想自己是先锋，如今却让晚辈去迎敌，这岂不是太伤面子了，不如先捉几个当地人问明路径，今晚就去破敌营寨。当二将手提敌将首级向诸葛亮请罪时，诸葛亮不但没有责备他俩违反军令，反而哈哈大笑："这是我激遣你二人的计策，若不如此，你们肯细心打探路径吗？"

　　除了以上这种激励方式之外，还有很多方法可供管理者选择。关键是要做到因人而异，使激励方法符合员工的性格特点。

实施激励的三大原则

　　施恩者，内不见己，外不见人，则斗粟可当万钟之惠；利物者，计己之施，责人之报，虽百镒难成一文之功。

——洪应明《菜根谭》

释义：施恩惠给别人的人，不可以将这种恩惠记在心上，更不应该存着让别人赞美的念头，这样即使是向别人布施了一斗米，也等于是给了人家千万石米；用财物帮助别人的人，如果总计较自己对别人的施舍，而且要求别人报答，这样即使是付出了一百镒，也难收到一文钱的功德。

1．实事求是的激励原则

激励既然是调动一切积极因素、约束一切不良行为的必要手段，那么坚持实事求是就是首要的原则。那究竟什么是激励的实事求是呢？

举一个很简单的例子，大家就能明白实事求是激励的重要性。

某一企业为了鼓励销售人员提高业绩，增加销售额，在销售人员中实施奖励以推动大家的竞争，从而扩大企业利润。某销售员小王和领导关系不错，但其销售业绩不怎么样。为了得到巨额的奖金，他虚报账目，利用领导的信任骗取奖金，领导没有调查研究，就给了他奖金。事后，一些业绩好的员工知道实情后，内心很不满，极大地影响了工作积极性。最后，公司不但没有实现激励的目的扩大销售收入，反而使销售收入大减，领导颇为不解。

分析原因，就是领导的激励没有做到实事求是。可见激励的实事求是对一个企业的生存与发展极为重要。

那么，作为领导者，又如何做到激励的实事求是呢？

激励要实事求是包含三个方面的含义：

（1）客观存在的事实；

（2）对事实必须进行全面的、系统的分析研究；

（3）在弄清事实、经过分析研究的基础上，确定事物的性质。

这三方面是辩证的统一体，忽视任何一方，都不可能正确地实施激励，甚至有悖于激励宗旨，发挥不了激励应有的作用。

2．公平公正的激励原则

公平公正的激励原则，一方面使人们在激励面前享有平等的权利和义务；另一方面也要求实施激励的领导和机构必须去除私心，避免激励产生倾斜，畸轻畸重。

为了使激励真正做到公平公正，必须注意以下几点。

（1）激励的程度必须与被激励对象的功劳和过失相一致，即功大大奖、功小小奖，过大大罚、过小小罚。无论是精神激励，还是物质激励都应如此。这是激励公平公正最起码的要求之一。激励本身和激励的社会功能都是对人们行为的一种估价和评判。亚当斯的公平公正理论认为，当一个人感到他所获得的激励与他投入的努力和所做出的贡献或与他的不良行为造成的损害比值相等时，就有了公平感，从而产生积极作用或约束作用。否则，赏罚不公就必然滋生不满情绪，达不到激励的真正目的。

（2）激励的公平公正必须做到不分高低贵贱，一律平等；不分亲疏远近，一视同仁；不分好恶恩仇，一样对待；不分上下左右，一个标准。

相传唐高祖李渊曾率军攻占隋朝的霍邑，当时他所率的军队中有一部分是应募的奴隶。战争打得十分激烈，双方均有较大的伤亡。

后来李渊又命人招募新兵，作为增援军赶赴战场，增援军中也有相当一部分是奴隶。由于后续军队及时赶到，大大改变了双方力量的差距，经过一夜的激战，李渊终于夺取了霍邑城。

占领城池之后，李渊决定召开庆功大会，赏赐那些立下战功的将士。这时，一位大臣奏道："随军之奴隶本为下贱之人，不宜论功行赏。"

李渊却坚决地说："刀剑之间，不辨贵贱；论勋之际，何有等差？"

这个小故事中体现的就是奖赏之中的公平公正原则。虽然李渊对应募的奴隶同样论功行赏的做法是为了争取民心，但是，其行为本身却很值得我们管理者学习。作为企业的管理者，应该同样懂得：公平地、公正地赏罚也是取得员工的心、争取员工支持并为企业的发展作出更多更大贡献的基础和不竭源泉。

3．及时适度的激励原则

及时激励原则就是让员工尽快看到成绩的利益与过失的后果；适度则是指功过与赏罚相符。激励如果不及时适度，不仅会失信于人，挫伤员工的积极性，而且还可能使得员工产生怨恨，给公司带来混乱。

激励的基础是人们的利益取向和生理、心理特点。人们的一切行为都是为了追求某种有利或避免不利，由此在生理和心理上必然产生与之相适应的喜好和厌恶情绪。激励就是为了诱导人们共同的喜好和厌恶趋向，促进事业的发展，推动社会的前进。诱导这种趋向的方式和做法，需要应人而异，但有一点是相同的，就是及时和适度。

现代企业提倡团队作战，因而，企业及时激励对于获取员工的信任和支持、提高绩效也是有益的。激励不仅要及时，还应适势。及时不仅是适应个人心理和调动大家积极性的需要，也是形势的需要。如打仗遇到障碍，敌人围困重重，士气不振，败象已露，如果对英勇杀敌者及时奖励，士气就会受到鼓舞，人人仿效，以一当十，以十当百，就有可能转败为胜。

及时激励并非单纯求快，主要是体现一种雷厉风行的作风，而不能机械地当成时限。及时的前提在于激励的正确、明确和准确。如果激励事实失误，及时不仅毫无意义，而且可能带来不良后果。

企业是讲效益的，是追求效益最大化的，而人的业绩的最大化，本身就是企业效益最大化的基础，因而管理者必须把握激励的及时原则，以使员工业绩最大化。这就需要管理者熟悉时机所具有的几个特点，以便能随时随地识别并加以运用。

一是时机具有隐蔽性。员工不可能把自己的全部欲求都暴露出来，往往加以隐蔽通过曲折途径和复杂多变的心理活动，反映到语言、行为、表情上，所以要求管理者学会察言观色，洞察员工的心。

二是时机具有短暂性。人们的欲望不是持久不变的，它必然随着人们需求的变更、社会价值观念的变化而改变。

三是时机具有变易性。这一点与短暂性有相通之处，比如，一个人在某一时期对物质奖励更为重视，当其家庭经济条件有了较大改善后，他的需要就会更多地转向精神即荣誉奖励。

根据时机的三个特点，管理者可以较为轻松和准确地把握及时激励原则。

及时和适度是互相联系、相辅相成的。适度原则的核心是激励和功过相一致。奖大于功或小于功，罚大于过或小于过都是不可取的，只有适度下的及时和及时下的适度，才能最大限度地发挥激励的作用和效应。凡事都有一个度，掌握不好度，就有可能出现过犹不及或火候不到的结果，这二者都是我们在管理中所不愿发生的。激励适度原则主要应注意以下六点：一是不能无功而赏，无罪而罚；二是不能功大而小赏，罪大而小罚；三是不能功小而大赏，罪小而大罚；四是激励的数量不宜太多，也不宜太少；五是不能赏罪罚功；六是激励适度还得具体情况具体分析，不可机械地进行赏罚。

建立良好的晋升机制

三载考绩，三考，黜陟幽明。

——《尚书·舜典》

释义：三年考定功绩，经过三次考核，废黜不贤的官，升任明哲的官。

百度公司董事长李彦宏说："为员工提供晋升机会，可以促使员工提升个人素质和能力，充分调动全体员工的主动性和积极性，并在公司内部营造公平、公正、公开的竞争机制。但在提供晋升机会的同时，要注意规范公司员工的晋升、晋级工作流程。"

晋升机制是对团队管理者和员工的一种良好激励，实施得好，公司能形成良好的激励氛围，从而提升个人和团队的业绩，并留住团队的优秀员工。

给团队内部业绩突出和能力较强的员工进行晋升是一种十分常见的激励方式。这种方式提供的激励包括工资和职位的上升、待遇的改善、名誉的提高，以及进一步晋升或外部选择机会的增加。晋升提供的激励是长期而延续的，这样可以鼓励团队成员长期为团队效力。

人都有交往和受到尊重的需要，头衔往往有利于满足这种需要。因此，晋升体系要充分地利用这一需求。

某公司是一家生产电缆产品的公司。在创业初始，依靠一批志同道合的朋友，大家齐心协力，不怕苦不怕累，从早到晚拼命干，该公司飞速发展。几年之后，员工由原来的十几人发展到几百人，业务收入由原来的每月十多万元发展到每月上千万元。团队大了，人也越来越多了，但公司领导明显感觉到，大家的工作积极性越来越差，也越来越计较。

他想，公司如今发展了，应该考虑提升员工的待遇，一方面是对老员工为公司辛勤工作的回报，另一方面是吸引高素质人才加盟公司的需要。为此，这家公司重新制定了薪酬制度，大幅度提高了员工的工资，并且修缮了办公环境。

高薪的效果很明显，这家公司很快就招揽了一大批有才华、有能力的人。所有的员工都很满意，大家热情高涨，工作十分卖力，公司的精神面貌也为之一新。但这种好势头持续了不到两个月，大家又慢慢恢复到懒洋洋、慢吞吞的工作状态。

为什么这家公司的高工资没有换来员工工作的高效率呢？为此，公司领导陷入两难的困惑境地，既苦恼，又彷徨，却又不知所措。

很多团队把薪资作为唯一的激励手段，在一些老板的意识里，花高价钱就能打动人才的心。实际上，我们也要注重人才的精神需求。当物质充足了，人才要求被尊重、独立决策的精神需求就增强了。头衔的改变就是最直接的精神奖励。现代团队都很重视对员工的晋升，但实施得不好就会破坏团队气氛，影响员工工作情绪，并有可能产生破坏性作用。比如，人才职位晋升后，却无法胜任新岗位的工作，工作效率下降了；或者人才职位晋升后，发现没有合适的人来顶替他在原来的岗位工作。这就说明了团队对人才晋升的机制没有做好，那么团队应如何设定有效的人才晋升机制呢？看看松下公司给我们的启示吧。

松下总裁松下幸之助有句名言："松下首先是制造人才的团队，然后才是制造电器。"松下完备的晋升制度尤其注重四点。

（1）资质审查。即晋升者资质审查和接替岗位培养资质审查。确保晋升者有能力完成更高的岗位工作，同时也保障后来者有能力顶替上来。

（2）晋升培训。员工或管理者要想晋升，必须接受系统化的培训，只有通过培训考核才能上岗。

（3）晋升周期。除特殊情况外，一般管理者需岗位工作满1年后，才可以晋升，同时晋升后考察期必须在1～3个月。

（4）责、权、利的统一。晋升到新岗位后，岗位职责不一样、权限不一样、报酬不一样，要充分考虑对晋升者的激励。另外，职位的晋升也同薪酬做了有效的匹配，确保激励有效。

松下完整的人才晋升链条确保了人才晋升前后工作绩效的提升，让人才发挥其最大潜能。

现代公司团队应建立晋升机制，引入适度竞争。如果团队工作效率低，可在短期内提拔几位精英人才，让员工感觉到差距的存在，同时让他们产生危机感——如果落后就有可能失去工作，以此消除员工的惰性，激发团队内部活力。

值得注意的是，管理者在制定晋升规则时还要注意以下四点。

（1）"阶梯晋升"和"破格提拔"相结合。"阶梯晋升"是对大多数员工而言。这种晋升的方法可避免盲目，准确度高，便于激励多数员工。但对非常之才、特殊之才则应破格提拔，使稀有的杰出人才不致流失。

（2）机会均等。人力资源经理要使员工都有晋升之路，即对管理人员要实行公开招聘、公平竞争、唯才是举、不唯学历、不唯资历，只有这样才能真正激发员工的上进心。

（3）德才兼备，德和才二者不可偏废。团队不能打着"用能人"的旗号，重用和晋升一些才高德寡的员工，这样做势必会在员工中造成不良影响，从而打击员工的积极性。因此，团队经营者对第一点提到的"破格提拔"要特别小心，破格提拔的一定是具有特殊才能的、不可或缺的人才，他的德才要能服众，一定要避免其他员工对晋升产生"暗箱操作"或者遭遇"潜规则"的误会。

（4）建立人才储备库。团队人力资源部门应定期统计分析公司各单位的人员结构，为团队建立人才储备库。依据员工绩效考核结果和日常考察情况，筛选出各层级的核心、优秀、后备人才，对各专业、各层次的人才做到有计划开发、适当储备、合理流动、量才使用，并以此指导公司的培训、引才、留才的工作。

将晋升转化为持久的吸引力

在一个团队内部，晋升的岗位是有限的，在公平竞争的氛围下，每个人都有晋升的希望，这样晋升就转化为持久的吸引力，而这种诱惑无疑具有相当的激励作用。

有些管理者发现，优秀的员工也有可能会原地踏步，这是因为当看不到自己的发展空间时，员工可能就陷入了长期空转的境地。

制定有效的晋升制度，让出色的员工适时得到提拔，可以满足员工的心理需要，并且让他感觉到上司对他的信任，从而忠心于所在团队，死心塌地地为所在公司贡献力量。

日本企业界权威畠山芳雄曾经亲身经历过这样一件事：日本某设备工业公司材料部有一位名叫P君的优秀股长，因为精明能干，上司交给他很多工作。P君工作积极、人品好，深受周围同事的好评，畠山芳雄也认为他很有前途。

但是，十年之后，当畠山芳雄再次到这家公司时，竟发现P君判若两人。原以为P君跟十年前相比一定有很大变化，谁知他还是个普通员工，并且在人前展示的是一副厌世者的形象。针对这一情况，畠山芳雄感到很惊异，他经过调查了解才明白事情的真相。原来这十年中，他的上司换了三任，最初的上司因为P君精明强干，且是个靠得住的人物，丝毫没有让他调动的想法。第二任上司在走马上任时，人事部门曾经提出调动提升P君的建议，新任上司不同意马上调走他。经过三个月的考虑，他答复人事部门，P君是工作主力，如果把他调走，势必要给自己的工作带来很大的困难。就这样，哪任上司都不肯放他走，P君只好长期被迫做同样的工作，提升之事只能不了了之。

他最初似乎没有什么想不通的，干得也不错。然而，随着时间的推移，他逐渐变得散漫、固执，根本听不进他人的意见和见解，加之他对工作非常熟悉，于是也听不进其他人的意见。结果他的同事谁也不愿意在他身边长久干下去，纷纷要求调走。而上司却认为，他虽然工作内行，堪称专家，却不适合担任更高的职务。

就这样，P君最终被调离了第一线的指挥系统。

怎样才能让员工保持对工作的兴趣呢？晋升肯定是最有效的方式之一。如果不给员工任何晋升的机会，员工的感觉可能是你不信任他，不放心他，怀疑他的能力，他肯定不会尽心竭力去工作。

让出色的员工适时地得到提拔，这是对员工能力的肯定和赞许，相信这也会给员工以更大的发展空间。晋升不仅满足了员工的心理需要，并且让他们感觉到上级的信任，从而更忠心于所在团队。

要让员工相信，通过自己的努力能不断晋升，让他们看到晋升的希望。一般来说，资历和能力是团队管理者做出晋升决策的基本依据。但是晋升不能只考虑资历，这样就将晋升的不确定性转化为确定性，并且对努力的员工来说也有失公平。可以从技能、知识、态度、行为、绩效表现、产出、才干等方面进行衡量，遇到合适的岗位遵循一定的晋升机制来执行，这样就能将晋升转化为一种持久的诱惑，有效激发员工的积极性。

员工总是希望被晋升，但现实情况不可能满足每个人的晋升愿望，所以最为关键的是建立公平合理的晋升机制，让每个人都有晋升的可能性。不公正、不公平的晋升可能会引起员工的猜疑和抵触，使得团队的正常运作被打断，让团队的效率低下。公平合理的晋升体制能有效激励员工，而员工晋升后也会用自己的努力回报单位。

不过，经常用升迁的办法来奖励员工，并不是容易做到的事。

相对于升迁的职位，永远只可能"僧多粥少"，那么晋升谁才能起到最大的激励效果，这是管理者需要考虑的问题。

管理者如果碰到这样的问题应该如何回答呢？你准备提拔一个部门经理，有两个人可以选择：一个是公司的资深老员工，来公司的时间最长、资历最老，但工作能力一般；一个是公司的新人，来公司的时间只有三年，但工作能力出众。你究竟会选择谁呢？也许碰到这样的问题，没有统一的答案，在每个人看来都有坚持自己选择的理由。

不过，管理者必须明确，唯有大胆地使用能力突出的员工，让他们顺利"晋级"，才能激励优秀的员工。

麦当劳作为世界上最大的快餐品牌之一，它的内部晋升体制是公平合理的，每个人都能获得持续晋升的可能。每个进入麦当劳的年轻人，不论他有什么学历，都要从最基本的琐碎工作开始做起。

43岁当上全球快餐巨头麦当劳首席执行官的查理·贝尔，是第一位非美国籍的麦当劳公司掌门人，而且也是麦当劳最年轻的首席执行官。谁也没想到的是，拥有如此显赫头衔的他，最初却只是澳大利亚一家麦当劳打扫厕所的临时工。

查理·贝尔的职业生涯始于15岁。1976年，年仅15岁的贝尔于无奈之中走进了一家麦当劳店，他只想打工赚点零用钱，并没有想到以后在这里会有什么前途。他被录用了，工作是打扫厕所。虽然打扫厕所的活儿又脏又累，但贝尔却对这份工作十分负责，做得十分认真。

他是个勤劳的孩子，常常是扫完厕所就擦地板，擦完地板又去帮着翻正在烘烤的汉堡包。不管什么事他都认真负责地去做，他的表现令麦当劳打入澳大利亚餐饮市场的奠基人彼得·里奇心中暗暗喜欢。没多久，里奇说服贝尔签了员工培训协议，把贝尔引向正规职业培训。培训结束后，里奇又把贝尔放在店内各个岗位上。虽然只是做钟点工，但悟性出众的贝尔不负里奇的一片苦心，经过几年锻炼，全面掌握了麦当劳的生产、服务、管理等一系列工作。

19岁那年，贝尔被提升为澳大利亚最年轻的麦当劳店面经理。

为优秀的人才提供成长和持续晋升的机会是优秀团队的成功之道。有一位管理者这样说："无论管理人员多么有才华、工作多么出色，如果他没有预先培养年轻有为的员工，没有培养自己的接棒者，那么他的管理就是不成功的。"

一个优秀的下级是否得到提升，关键看他是否适合将要从事的新职务。如果他在现有职务上已经做得非常好，工作能做到游刃有余，这样的人才有可能得到提升。

拿破仑在任用将领时，坚持的原则是"勇气过人""机智天才""年轻有为"，我们从拿破仑年轻而威武的将领阵营中就可以看出：拿破仑手下的名将马尔蒙，26岁出任意大利法军炮兵司令，27岁任军长和炮兵总监，32岁任达尔马齐亚总督；达乌，28岁担任远征埃及的骑兵指挥官；苏尔特，25岁任准将，30岁晋升少将……

对于有较高才能的下级，管理者要保证他能顺利"晋级"，并设法提拔他到更加重要的岗位，让他在发挥才干的过程中激发自己的创造性。有了优秀人才而迟迟不重用，不仅对团队的发展无益，也可能最终失去这些优秀的人才。

不可否认的一个现实是，当一个团队发展到一定的规模后，老员工都会有一种惰性，这在某种程度上制约并影响了团队的发展。优秀的管理者，必须站在团队发展的高度，优先晋升那些真正优秀的员工而不是资历老的员工。

第七章

兵之胜败，本在于政

不要让员工自我设限

> 不登高山，不知天之高也；不临深溪，不知地之厚也。
>
> ——荀子《劝学》
>
> **释义**：不登上高山，就不知道天多么高；不面临深涧，就不知道地多么厚。

我们经常可以发现，团队中的不少员工原本很优秀，但做起事来畏首畏尾、谨小慎微，在自己的岗位上始终做不出成绩。管理者不禁为这样的员工扼腕叹息：为什么他们不能放开自我呢？

这缘于部分员工的自我设限。造成自我设限的原因可能是多方面的，它们使员工始终不敢再向前迈出一步，从此限定在自己的小圈子里。

科学家曾做过一个有趣的实验。

他们把跳蚤放在桌上，一拍桌子，跳蚤迅即跳起，跳起的高度均在其身高的100倍以上，可以说是世界上跳得最高的动物。然后在跳蚤头上罩一个玻璃罩，再让它跳，这一次跳蚤碰到了玻璃罩。连续多次后，跳蚤改变了起跳高度以适应玻璃罩的高度，每次跳跃总保持在罩顶以下的高度。接下来逐渐改变玻璃罩的高度，跳蚤都会在碰壁后主动改变自己起跳的高度。最后，玻璃罩放置在接近桌面的地方，这时跳蚤已无法再跳了。科学家于是把玻璃罩打开，使劲拍桌子，跳蚤仍然不会跳，变成"爬蚤"了。

行动的欲望和潜能已被扼杀，科学家把这种现象叫作"自我设限"。跳蚤变成"爬蚤"，原因在于玻璃罩已经罩在了它的潜意识里。

我们是否发现很多员工也为自己罩了一个玻璃罩呢？实际上，很多人由于遭受了外界太多的批评、打击和挫折，于是奋发向上的热情、欲望变成了"自我设限"的观念，这就影响了自己潜能的开发，影响了个人的成长。

我们大多数人内心都深藏着"约拿情结"。心理学家分析，我们心中容易产生"我不行""我办不到"等消极的念头，如果周围环境没有提供足够的安全感和机会供自己成长的话，这些念头会一直伴随着我们。

"自我设限"只是潜意识里的一种想法，只要肯走出来，肯向外拓展，那么定能不断成长。

马斯洛在给他的研究生上课的时候，曾向他们提出过如下的问题："你们班上谁希望写出美国最伟大的小说？谁渴望成为一位圣人？谁将成为伟大的领导者？"根据马斯洛的观察和记录，他的学生在这种情况下，通常的反应都是咯咯地笑，红着脸，显得不安。马斯洛又问："你们正在悄悄计划写一本伟大的心理学著作吗？"他们通常也都红着脸、结结巴巴地搪塞过去。马斯洛还问："你们难道不打算成为心理学家吗？"这时，有人小声地回答说："当然想啦。"马斯洛说："那么，你是想成为一位沉默寡言、谨小慎微的心理学家吗？那有什么好处？那并不是一条实现自我的理想途径。"

人们普遍存在某种自我设限的意识，总是逃避卓越、成长。

曾经有一家跨国团队在招聘中出了这样一道题："就你目前的水平，你认为10年后，自己的月薪应该是多少？你理想的月薪应该是多少？"

结果，有些人回答的数目奇高，而这样的应聘者全部被录用了。其后主考官解释说："一个人认为自己10年后的月薪竟然和现在差不多或者高不了多少，这首先说明他对自己的学习、前进的能力抱有怀疑的心态，他害怕自己走不出现在的圈子，甚至干得还不如现在好。这种人在工作中往往没什么激情，容易自我设限，做一天和尚撞一天钟。他对自己的未来都没有追求，拿什么让我们对他有信心呢？"

告诉员工，不要轻易给自己设定一个"心理高度"，因为这往往在潜意识里告诉自己：我是不可能做到的，这个是没有办法做到的。要知道，过去并不代表未来，不论你曾经失败过多少次、受过多少挫折，未来一定会超越这些挫折。

吴兴是某家保险公司的新职员，但入职一个月了，工作业绩始终提不上来。他自己知道原因，这还要缘于他工作第一天打的第一个电话。

当吴兴热情地拨通电话，联系自己的第一个客户时，尽管已经想到了或许会遭到拒绝，但令他没想到的是，他刚说明自己的工作身份，对方就骂了起来，并拒绝了他的推销，声称自己身体很棒，不需要什么保险。从那以后，吴兴对电话营销便有了阴影，说话总是没有底气，自然就没有多少人愿意找他买保险。这种影响越来越大，他甚至不再愿意去摸电话机。

一个月后，他开始想，自己或许并不适合这份工作。经理鼓励他要给自己创造机会，没有谁是生下来就能成功的，也没有人会一直失败。听了经理的话，吴兴深受激励，他鼓足勇气，决定再尝试一下。他找出一个曾经联系过却拒绝了他的客户的资料，仔细研究他的需要，选择了一份适合他的险种。准备妥当后，他拨通了对方的电话，最终他的自信和真诚征服了那个客户，对方买下了他推销的保险。他终于打破了自我设限，从此慢慢克服了对电话营销的恐惧。

其实，自我设限并没有我们想象的那样可怕，更不是不可突破的。只要摒弃原本的想法，试着再挑战一下，便会对以前的担忧和消极的态度嗤之以鼻。

其实每个人都有成功的机会，但是在面临到来的机会时，只有少数人敢于打破既有的平衡，认识并摆脱"自我设限"，勇于承担追求高效能所带来的责任和压力，最终抓住机会并获得成功。管理者必须帮助员工打破自我设限，促使他们不断成长。

现实中，总有一些优秀的人由于受到"心理高度"的限制，常常对成长望而却步，结果痛失良机。管理者应该引导员工及时摆脱自身"心理高度"的限制，拿掉制约成功的"盖子"。

拿破仑·希尔曾经说过，一个人唯一的限制，就是自己头脑中的那个限制。如果不想着去突破、挣脱固有想法对你的限制，那么你将会永远原地踏步。

不要以己度人

人之际遇，有齐有不齐，而能使己独齐乎？己之情理，有顺有不顺，而能使人皆顺乎？

——洪应明《菜根谭》

释义：每个人的际遇有所不同，有的可成就一番事业，有的则一事无成，在各种不同的境遇中，自己又如何能要求特别待遇呢？每个人的情绪各有不同，有时稳定，有时浮躁，又如何要求别人事事都与你相同呢？

"李富兰，这么简单的东西，怎么到了你那里变得这么难了呢？"

"我还没有掌握要领。"

"是啊，要领其实很简单，我都已经跟你说了若干遍了，你怎么记不住呢？""我记住了。可是就是一操作起来还有些手生。""我跟你讲了那么多的东西，你记住哪些了呢？"

"老板，时间很短，而且你给我的东西很多，我总是顾此失彼。"

"这真是很糟糕。你以前是怎么工作的呢？"

"不，老板，这和我的工作方式没关系，我觉得你对我的期望过高了。"

"是啊，我也认为你能够达到。"

"不，我达不到，而且我觉得任何一个新人都很难达到你的要求。"

上面这个案例中，管理者的第一个错误就是没有给员工一个接受的过程。

即使你教导的是一个之前做过这项工作的人，他掌握起来也不会像你预期的那么快。因为不同的人要求不一样，示范的形式或方法也不一样，所以，不能因为他有过类似的经验就匆忙地作出结论——他会学得比较快。

有些新员工也许急于想讨你的欢心而不愿过多询问问题，这样，他们看起来好像是对所要做的事了如指掌。他们不会重复地问该怎么做，而当你问他们的时候，他们会说"是，是，我知道了"。事实上他们并不明白。要知道，一些人认为，如果让一个老板重复讲某一细节，就意味着这个老板第一次讲得不够清楚明白，这也许有损老板的颜面。因此，管理者的第一条注意事项就是要有耐心，要留心观察你的指示别人是否真的听明白了。

　　管理者第二个易犯的错误就是一次性给员工传达了太多的东西，使他们接受不了。大多数人一次性只能消化三个不同的工作指示，因此，在你接着讲述之前，要确认员工们已经成功掌握了前三个工作指示。不要显得紧张、焦急或不耐烦，这对缓解他们的紧张情绪没有帮助。如果有人不小心犯了错，千万别说"我刚才已经教你该怎么做的"，而最好说"开始的时候是容易出错。别急，试着再做一次，熟练就好了"。要知道，学习是非常容易让人疲倦的事，所以，即使你自己还没感觉到已经说累了，也应该考虑员工们也许已经听得很疲惫了。你应该在训练的过程中保证大家有足够的休息时间。

　　管理者第三个易犯的错误就是没有收获反馈，因而对员工在训练的各个不同阶段的进展及成果不太了解。对管理者来说，这工作看起来也许是轻车熟路，但对员工来说情况却不一样了。所以，千万别表现出"训练没什么大不了，很枯燥乏味"的态度。相反，应该试着激起员工的积极性，把工作干得更好。

　　管理者第四个易犯的错误就是没有耐心，总是在抱怨、指责员工，认为员工反应太慢，不能达到自己的要求。反复这样说会非常严重地挫伤员工的工作热情，从而阻碍他们的进步。同时，员工也会非常反感你。上面的案例中，那位员工直接告诉他的老板，不是他不对，而是老板不对。产生这种逆反心理对于培训来说是极为不利的，也会影响到别的员工的情绪。

　　最好的办法是详细地解说一切，尤其是在刚开始的时候。这样做比粗略地讲一遍要好，更能够让员工自己在错误中摸索。

　　要分阶段、分步骤地进行培训，哪个要领在这一阶段这一步骤应该掌握、哪个要领可以在下一个阶段下一步骤再掌握，管理者做到了然于胸，员工才能明白，才不会眉毛胡子一把抓，得到了这一点，又失去了那一点，最后弄得丢了西瓜捡芝麻。要知道，每个人的接受能力都是有限的。

要让员工多提问、多请教，这并不能说明这名员工就不能有效完成工作。相反，在实践中发现问题并及时加以改正，才是王道。对出错的员工要耐心细致地讲解、示范，有时候甚至要手把手地进行讲解示范，让员工快速、准确地掌握工作诀窍。只有他完全掌握了诀窍，你才能放手叫他自己去做。

还要为员工营造一个轻松的学习氛围。很显然，一个在轻松的氛围中工作的人要比一个整天在受教训的氛围下工作的人工作更加出色。一旦发现员工有抵触情绪，就应该坐下来，与他们好好地谈一谈，让他们理解你的意图、你的要求，以及他们在培训过程中出现的错误，并且也要让他们讲明他们在培训中遇到的困难。背景不同，接受能力也不同，接受的方式也不尽相同，尽量站在员工的角度，以他们的接受方式进行培训。在互相理解中，将你的培训计划进行到底。

这样，员工就会依赖你、信任你，同时也能激励他们很快地掌握要领。对员工有一颗宽容的心，就不会以自己的水平去衡量员工的水平。

重视员工培训

国有贤良之士众，则国家之治厚。

——《墨子·尚贤上》

释义：国家人才多，就能把国家治理得好。

　　在这个竞争日益激烈、知识和技能都在快速迭代更新的时代，如果你的员工在很长一段时间内没有接受任何培训，那他们的知识可能就已经开始落伍了。当一个人得不到新思想的灌输，没有实践新知识的机会，就算是公司最好的员工也会跟不上高新技术领域里的发展。当这种情况发生时，企业的发展也势必会受到限制。

　　现如今，周期性的知识更新并不只限于高科技企业。商业行为一直在不断变迁，如果你的员工日益故步自封、墨守成规，那将会在现在的领域中逐渐失去必需的工作技能。因此，管理者应该迫切要求员工（甚至是最有经验的员工）去接触、学习其他领域的知识。

　　作为一位公司主管，你应该清楚地认知到，对员工进行培训是你的责任，而且是最重要的职责之一。它是许多基层主管工作中的一个关键部分。一个向前发展的企业，每时每刻都存在着培训的必要，因为培训是建设一支以较少投入获得最大产出的职工队伍的唯一有效的方法，而且随着技术的迅速更新，它还是对员工进行再培训的有效途径。这些员工如果不经过再培训，很可能就会失业。作为一名基层主管，你是否使员工以最低的成本投入完成任务，这也是他人对你进行评判的标准。对员工进行培训是你达到这个标准的最为有效的手段。

　　公司培训部门或人事部门的职责是判定培训是否必要，确定或制订培训方式和计划，并且帮助或协同管理人员和其他基层主管进行培训。一般而言，培训部门的人员是教学专家。例如，培训专家在确定特定培训需要时实在是个好帮手，他们可以帮助你了解需要培训的征兆。在学习如何做好一名指导员以及培训一些重要员工时，你也会希望得到他们的帮助，而且培训部门在帮助你确定工作间断时间、减少生产计划以及制定培训时间表方面都有着不可估量的作用。

对某些员工而言，集中培训是最好的途径。一些普遍性问题，比如公司历史、产品、经济策略以及人际关系之类的都常用这类培训。其他一些讲授方式（如基本的文字能力或统计的质量控制）采用上述集中性培训也有好处，但是当培训部门为你做这些事情时，你必须对自己的员工接受的上述培训负责任，并确保这些培训能够使员工学到有益的东西。

1．同所有的员工探讨如何提高他们的工作技能

不同的人适合于不同的工作方法。有的人能从大学课程中学到有用的东西，从而拓展自己的技能；另一些人则可能在与同一领域中的员工进行观念和经验的交流时获益更多。

有关培训的讨论应该围绕着每个人特定的工作进行。对于负责会计的人员而言，当他决定要参加一个计算机绘图培训班时，你可以问一下他计划怎样把增加的技能运用到本职工作上去。如果他说他能把你呈送给公司总裁的月报告设计得更好的话，这可能是个好主意。但要是他不能将自己的要求与目前或将来可以合理预见的工作相联系，这就可能不是一项公司应该进行的投资。

2．管理者不一定要主持这种培训

如果某个员工是个熟练工，也受过合格的培训，并且管理者已把培训工作的关键因素向他作过系统说明，那么培训工作就可以授权给他。就像你必须了解有关教学工作一样，你授权做指导者的员工必须了解如何培训他人的知识。这就是说，他们必须是曾经接受过有效培训，或者已经由你或其他人对他们就如何培训进行过彻底而简短的训练。将一个员工培养成技术工却又使他无力指导他人是一件再糟糕不过的事了。如果老员工不了解如何培训（或者对此不感兴趣），那么新员工就难以准确完成工作，而且培训过程本身也会因此变得缓慢且成本加大。

3．让每个人都关心培训的机会

准备一个文件夹，记录与员工所做的工作有关的培训课程、研讨会以及学习班。当有培训的广告或通知时，随手翻翻，看看是否有什么适合员工的需要。也让员工经常翻一翻你的这个文件夹，他们可能会发现一些你忽略了的但对他们有用的东西。

4．随时做工作总结，在平时的工作中随时做出恰当的指点

管理者可以举办一些内部的交流会，使员工共享他们的知识与技能。每隔一两个月就可以开一次例会，让员工了解新的经营实践和理念。员工可以自发地阅读一些专业期刊或报刊上的文章，然后与其他人进行交流。如果管理者让某个员工参加了一次培训，在他回来后，就要让他与同事们分享学到的知识。

5．明确培训目标，即让员工达到什么样的水平

有些管理者希望员工能够掌握方方面面的知识与技能。如果员工展示了更高层次的能力，他们就能够赚到更多的钱。正因为这些原因，许多公司的基层主管需要考虑为培训而设置的科目。

一旦员工意识到你真的很关心他们的培训问题，你就能够找到不必占用资源而能提升员工能力的途径了。

规划合理的训练计划

> 知其心，然后能救其失也。教也者，长善而救其失者也。
>
> ——《礼记·学记》

释义：了解他的内心，然后才能挽救他的过失。教育，是为了发扬其优点，并挽救其过失。

在柯兰公司盈利最佳的时候，董事长李丹把管理大权交给了史强，此举使得公司结构有了180°的大转变，由原先的高度集权分裂出5个产品事业部。

5个部门的经理分别主管各自的营运，只要不违背总公司的政策和计划，经理们可以自行做决策。这5个产品事业部分别是电脑外设、复印机、办公家具、档案系统、文具。柯兰公司的9个工厂内总共有3500名员工。

公司改组之初，一切情况都很理想，销售额和利润仍然维持以往的记录，但是在2002年初，训练管理人员的计划遭到了一些否定。

原来，李丹有一项引以为傲的决策，即从2000年起，他每年雇用6名大学毕业生。他认为，这项措施是厚植公司实力的基础。有3个产品事业部的经理都是这样加入公司的，人事经理迈克也是受惠者之一。

然而，迈克却指出，最近两年选用的人员问题不少，2001年加入公司的6名人员现在已有4名离职而去，2002年刚加入的一批人也有不稳定的倾向。他们联名写了一封信给迈克，指出训练计划的不当，希望他当面和他们讨论修正训练的方法与内容。

　　这项训练计划仍是依照多年前李丹所订的标准在执行着。每个人必须在总公司不同的部门任职3个月，然后在工厂和公司的销售单位服务9个月。这样做可以使受聘者了解整个公司的全盘状况。现在这些新进人员抱怨说，受训的时间太长，而且所学的东西也不切实际。在分权的组织形式之下，总公司的权力削弱，新人在那儿学不到什么东西。而各事业部也不知道该教给他们什么知识，反而觉得他们碍手碍脚。

　　各产品事业部都希望能够自由聘用所需的员工。毕竟实际负责盈亏的还是各事业部主管，因此，他们应该自行训练人员来继承管理职位。当然，这些人员也可以在公司其他部门流动，以吸取管理经验。

　　但是这种培训政策无法吸引最优秀的人才，因为各事业部的名气不如总公司响亮。而且只有总公司的人事部门才有权力雇用及训练新进人员。如果各产品事业部自行选用人才，那么不出几年，新进人员便会发觉自己在狭小的事业部门前途黯淡，而纷纷离去。

　　各部门经理希望自行聘用人员，而总公司的管理人员又坚持在人事方面采取集中策略。新进人员对于分配给他们的工作感到厌烦，同时还认为公司不愿意让他们承担实际的管理责任。

　　让人们贡献出才智最主要的因素就是每一个人都必须了解他对企业的重要性。这一点对年轻人尤其重要，他们的态度可以左右他们一生的事业。对于能干的年轻人，应该尽早给他们一个机会，让他们在公司担当实际而有建设性的角色。对于一些必须接受实务和理论各方面训练的人员尤其如此。

柯兰公司在处理新进人员的问题时，就应该采取这种态度。对于这点，建议公司修改训练计划，以符合新进人员的需要。

1．训练期不妨缩短为6个月，由总公司出面严格控制计划的进行

建议公司每年至少应该聘用3位企业管理硕士，这样能吸引最优秀的青年为公司效力。

2．对员工进行培训，要有明确的目的

一般说来，培训的目的不外乎有以下几种：提高员工的专门业务能力；培养员工的经营管理能力；扩大员工的视野和形成良好人格。

新进人员应该跟随各产品事业部的经理学习经营实务，同时在培训时应该得到一份详细的工作说明书，简要说明各项职务的内容。

在培训中，必须对新进的员工强调公司的重要性，而不只是各产品事业部的细节。这样做可以帮助新进人员了解总公司的概况以及他自己的角色。各产品事业部经理、人事职员以及新进人员的直接上司都应该和这些新人详细讨论他们未来的工作。

3．要确定培训的对象，科学合理地决定培训内容

可以制订一些分组计划，确定一段时间内你所管辖部门人员的培训名单，错开工作时间，给受训者以充分的时间消化吸收所学的知识。在制订这份计划之前，最好同每一位受训者进行一次深入谈话，由他们一起来决定培训内容。

4．实施培训

一般比较优秀的管理者都在自己企业建立了一套培训机制，提高员工的素质，使之能更好地适应工作需要。即使对员工本人来说，往往也会十分看重公司的培训，经过培训的员工身价会大大提高。

管理者应该让人事经理在每年年初制订出一年的培训计划。

培训计划要结合公司的人力资源现状和公司的年度发展计划来制订。人事部门在对公司人力资源现状进行清查之后，将结果汇报给各部门经理，部门经理再制订本部门的培训目标。

培训员工要对症下药

　　府吏倪寻、李延共止，俱头痛身热，所苦正同。佗曰："寻当下之，延当发汗。"或难其异，佗曰："寻外实，延内实，故治之宜殊。"即各与药，明旦并起。

——陈寿《三国志·华佗传》

释义：府中官吏倪寻、李延同时来就诊，都头痛发烧，病痛的症状正相同。华佗却说："倪寻应该把病邪泻下来，李延应当发汗驱病。"有人对这两种不同疗法提出疑问。华佗回答说："倪寻是外实症，李延是内实症，所以治疗他们也应当用不同的方法。"马上分别给两人服药，等到第二天一早，两人一同病好起床了。

　　一个优秀的管理者，应该建立一个培训班子和一套合理的培训机制。例如，安排新进员工的人事及教育，也就是安排新进员工接受训练并分配到各工作部门。教育训练要教导新进员工一些非常基本的概念，然后在分配的工作部门中，由第一线的管理者、监督者来负责工作场所教育。

　　如果培训没有针对性，而是使所有的员工例行公事地进行一下培训，那么员工也会回报给你一个不负责任的态度——"一切都无所谓了，你让我们培训就培训吧，反正这些我已经会了，而我不会的你又不能教给我。"

这样的培训是一种浪费资源的培训，它可能会使企业走向滑坡的边缘而不是进步的方向。这样的培训也是浪费职工感情的培训，本来已经吃饱了，管理者还硬往员工嘴里塞，员工哪能不胀腹？而员工不会的，培训中又永远涉及不到，在企业里形成一个黑洞，一个谁也不去涉及的区域。

这样的培训还存在着这样的现象：职工忘了基本目标，我行我素。

忠于基本目标，依照基本方法进行工作是很重要的。培训的最根本的目标是让每一个员工都得到提升，而不是单纯地为了培训而培训。管理者在培训过程中如果忘了基本目标，任意地按照自己的方法去进行，就容易引起失误，最终导致失败。

企业的情况不同，培训的内容也应该不同，应根据自己的实际情况量体裁衣，制订一套合适的培训计划。企业的管理者应该对以往的工作状况非常熟悉，才能明晰哪一点需要培训、哪些人需要培训，这样才能使培训具有针对性。

在一个团队的整体培训计划中，管理者应该看到企业文化中最缺少的是什么，针对这些，对员工进行整体的培训，也就是每一个员工都必须参加的培训。有些方面则没有必要每个人都参加培训，要注重个体培训。

整体培训有不同的方面，其中最重要的就是人际关系方面的训练。这应该是每个人都必须参加的培训。

如果人际关系良好的话，可以使工作绩效事半功倍，因此要想有好的工作表现，人际关系是非常重要的。

1．符合岗位的基本条件

在新员工进来之前，一定要先检查每位老员工是否已经记住最基本的礼节，并且确实遵守着。如果确实有尚未记住或没有遵守的老员工的话，就必须加以教育、指导。特别是对被认为已经破坏公司规矩的人，要尽早再教育。

2．人际关系的培训

对缺乏协调性的员工，为了维持团体绩效，管理者必须让他了解团体中每位成员之间协调的重要性，一定要使他真正地了解并改正过来。对待上司的态度要尊敬，他既是你的同事，同时又是你的工作的领导者。与同事之间的态度是应该常常反思，如果有不好的地方就要指出来，立刻改进。

3．工作态度的培训

无论知识、技术多么优良，若是工作态度不好、人际关系有许多问题，都不能算是优秀的商业人才。人际关系若有问题就是致命伤，因此，关于这点一定要好好地检查，并且改正过来。

4．让员工对部门整体性的工作内容理解充分

有不少已经工作三四年的员工，无法理解自己的工作部分的整体性。也就是说，这些人只处理上级交给他们的事，完全不了解整个部门的工作系统、流程等。这种老员工可以说没有长远的眼光，不足以成为新进员工的榜样。

5．新员工的基本做事方法培训

新入职的员工要想更快地掌握技巧，首先要学会基本的做事方法。但是，老员工们已经忘了基本做法，常常凭经验照自己的方法去做。这些适合他个人的方法可能不适合大多数人，尤其是新来的员工，因此，如果新进员工一开始就碰到不照基本方法来做事的老员工的话，事态将会变得很严重。

6．学会时间管理

工作就是和时间的战争。也就是工作一定要在规定的时间

之内完成，这是工作的准则。但是，也有不少老员工没有什么时间观念。这种人无法有效地利用时间，这样的员工也绝不是新进员工学习的对象。

所以，必须下功夫教会这种老员工工作的方法，彻底改善他们对时间管理的能力。

对于个体培训来说，主要指工作方面的训练。

1．培训要做一些纠正和完善的工作

有许多员工，虽然就职好几年了，但是除了上司或领导人所指示的工作，其他什么都不做。他们常说："照着指示做，总不会出错吧！"因而不愿意多投入。若老员工有此状况，就必须立即纠正他，同时计划如何改善其工作。

特别值得注意的是，改善工作的能力是决定有没有业务实行能力的因素。所以，必须检查员工对改善工作的努力，并且出现这种情况时，必须好好指导这些人如何改善工作的方法。

2．培训是对知识、技术的补足

关于知识方面，特别是在工作上必需的知识，一定要实事求是地总结。在技术的熟练度方面（这里所指的技术就是指工作的技巧），知识是用头脑去记的东西，但技术是必须以知识为基础，由亲身体验去积累的东西。并且，这可以说是一种工作熟练的程度。关于技巧上的一切问题都是非常重要的。

管理者应该让培训具有针对性，并能建立自己的培训机制，将整体培训计划和个体培训计划结合起来。并且，对普通员工的学习需求也不能听之任之，可以通过岗位职能比武、论坛等各种形式激发和引导员工的学习欲望。就像大禹治水一样，因势利导地制订培训计划。

第八章

众志成城，才能万事皆成

追求共同的愿景

人心齐，泰山移。独脚难行，孤掌难鸣。

——佚名《古今贤文》

释义：人齐心协力，连泰山也能移动；一只脚走不成路，一个手掌拍不响。比喻做事凭一个人的力量是不够的，要靠大家的力量。

马丁·路德·金在林肯纪念堂前发表的著名演说《我有一个梦想》，为千千万万呼吁种族平等的人们描绘了美好的愿景，引导和激励无数的人为这个梦想而奋斗；比尔·盖茨从在车库里敲打"basic语言"起步，但他坚信让每家每户的每张桌子上都有一台个人电脑，20年的时间里，他带领微软成为互联网的霸主。

这就是愿景的力量。愿，就是心愿；景，就是景象。这个景象存在脑海里，其他人是看不到的。愿景是在个人脑海中的意象，团队愿景就是团队所有成员共有的意象。对于一个团队而言，团队愿景是这个团队为之奋斗所希望达到的目标。愿景就像灯塔一样，始终为团队成员指明前进的方向，鼓舞和激励着所有人为共同的目标而奋斗。

管理者作为团队的领头人，必须学会用愿景引导团队。一个团队有了自己的愿景，就会对员工产生吸引力，就会让员工具有认同感。在追求团队愿景的过程中，员工相信他们所做的事是值得的，如果他们相信自己能够实现团队的"梦想"，进而实现自己的"梦想"，那么他们一定会认同团队，并且积极努力地行动。

稻盛和夫创办日本京都制陶公司之后，业务发展非常迅速。在迅猛发展的过程中，稻盛和夫经常要求年轻的员工每天加班到深夜，即使星期天也不休息。慢慢地，一种不满的情绪在员工中间蔓延。一次加班之后，一群员工决定用强硬的手段向公司提出要求，并以集体辞职相威胁，提出了诸如加薪、增加奖金的要求。稻盛和夫经历了创业以来的一次大危机，虽然他没有同意他们的要求，但是此后却花费了三天三夜做说服工作，才使得这批人留了下来。

京都制陶公司发展过程中的这个插曲深深地刺激了稻盛和夫，他陷入了痛苦的思考："本来创立京都制陶是为了让我的技术闻名于世，现在看来，应该还有更为重要的事情。公司究竟是什么？公司的目的和信念是什么？要争取什么？"在思索的过程中，他的结论渐渐明晰："让技术闻名于世其实是低层次的价值观，是次要的事情……经营公司的目的是为全体员工谋求物质和精神方面的幸福，为人类社会的进步贡献力量。"

从此以后，"为全体员工谋幸福，为社会发展贡献力量"成为京都制陶公司的追求目标，也成为公司发展的愿景。企业发展越来越好，员工的忠诚度也越来越高。

作为团队的领头人，管理者要告诉员工，他们是什么，他们为什么，他们要干什么，让员工能够和企业一起分享对未来的憧憬，让员工对未来有更高的期待，让员工获得一种强大的使命感。

好的愿景起到的作用不仅如此，它宛如一幅巨大的画，也会给人以压力和挑战。对于员工来说，有没有共同愿景绝不是表面微小的差别。员工的奉献精神和奋斗动力，便与组织的共同愿景息息相关。如果没有共同愿景，奉献的行为不仅不会产生，连真正遵从的行为也不可能。

愿景能凝聚起团队中每个人的力量，使人产生集体感。当团队遭受混乱和阻力时，愿景能够引导团队继续遵循正确的路径前进。随着团队的发展，愿景会变得越来越重要，没有什么比一种清晰的愿景更吸引人的了。

愿景对于一个团队来说具有神奇的力量，因为它并不只是一个想法，而是人们心中一股令人深受感召的力量。它能感召一群人，让这群人为之奋斗，因而愿景也就不再是一种抽象的东西了。

建立团队愿景不是一蹴而就的工程，它的建立和完善需要细致的工作和漫长的过程。但是，梦想必须建立在现实的基础上，没有现实支撑的愿景最终往往成为水中月、镜中花。愿景作为一种未来的景象，产生于领导者思维的前瞻性。

如果管理者希望其他人能加入团队的共同前进路径中，那么他必须知道要带领团队往何处去。有前瞻性并不意味着要先知先觉，而是要脚踏实地地确定一个企业的前进目标。愿景能激励企业一步步迈向未来。

每个优秀的管理者都应具备为团队"造梦"的能力，当梦想足够强大，就会调动跟随者们的能动性、进步性、创造性，进而去构建一座从此岸到彼岸的桥梁。

让个人目标融入团队愿景

> 江河之溢，非一水之源；千镒之裘，非一狐之白。
>
> ——《墨子·亲士》
>
> **释义：** 江河的水之所以浩浩荡荡，并非只由一个源头流出来；无比珍贵的皮衣并非只由一只狐狸腋下的毛皮所能制成。

　　团队愿景是一个团队努力奋斗希望达到的目标，它不仅是企业发展的方向，也是所有员工为之努力的目标，更是整个企业奋斗的动力。我们在打造成功团队时，可能觉得为团队定愿景是件比较容易的事，但要将团队愿景传达给团队成员并取得共识，就不是一件容易的事了。

　　在一个团队的发展征程中，团队愿景发挥着领航作用，它直接影响着团队这艘船的航行速度和航行距离。但仅仅只有船帆，就算把控好了方向，如果船身行驶得太慢，团队也不可能驰骋在市场的汪洋大海中。如何让团队运转跟得上团队愿景？就是要将员工的个人目标融入团队愿景。

　　一个团队要做到可持续发展，不仅发展目标要正确合理，更需要员工与团队同心同德，齐心协力。比如，几匹马拉一辆车，如果它们朝着不同的方向前进，这辆车根本都不会动，严重的还会导致马倒车翻。只有所有的马朝着一个方向，步调一致地向前奔跑时，这辆车才能向前奔跑。

　　管理者要设法将员工个人目标融入团队愿景，使个人将注

187

意力投向公司及部门的整体发展，而不是自己个人的报酬和升迁。团队成员各自会持不同的观点，但为了追求团队的共同愿景，各个成员就得求同存异并对大家的共同目标有深刻的一致性理解，要做到这一点，对于管理者而言并不是件轻松容易的事。管理者希望员工能够敬业和服从，把团队的未来当成是自己的未来；对于员工而言，他们希望得到更多的回报，满足生活的需要，实现个人的价值。因此，管理者必须引导员工将个人的目标融入团队发展的愿景中。

将学员个人目标融入团队目标，是西点军校学员训练的重要内容。

西点军校巴克纳野战营经常举行一个活动，让各组学员在几个小时之内完成组合桥梁的任务。

值得说明的是，这种活动用的组合桥，每一块桥面和梁柱都有几百公斤重，要抬起一块桥面，似乎是不可能的事。

于是教官启发大家，在战场上搭建这类的组合桥的目的多半都是具体、迫切的，或是恢复重要物资的运输，或是逃避敌人的追击，或是进攻歼灭敌人，这个时候桥面能否搭起来就是一个生死攸关的事情。

这个时候，同一组的学员们便建立了一个共同的目标：一起搭好桥，不仅是为了集体荣誉感，更是为了战场上紧急情况下大家能活下来并取得胜利。

于是学员们把个人目标融入了团体目标，真的发挥出最大的潜力搭好了桥。要是没有这样的共同目标，要激发学生的潜力，合力搬起三四百公斤的大桥墩，并不是容易的事情。

对团队而言，一个人的成功并不是真正的成功，团队整体的成功才是最大的成功。

在许多国际知名企业中，当一批新员工入职后，需要接受相当长一段时间的培训，并且在一段时间后还会不断地强化公司的理念，其目的就是让员工随时清楚地知道自己目前所处的位置，并且随时检查自己的目标是否与企业一致。

"将个人目标融入公司目标"，已成为企业在招聘员工时衡量其素质的重要指标。如果一个人不能把自己的个人目标融入公司的目标，就很难受到管理者的青睐。

员工也应该把个人目标融入公司愿景，这样可以充分地利用团队的力量，提高自己的工作效率。那些只工作不合作、宁肯一头扎进自己的工作之中也不愿与同事有密切交流的人，最后往往工作效率不高。很可能他们自己费了九牛二虎之力才达到工作上的突破，通过团队的共同努力却会很容易实现。只顾着个人目标，忽视将个人目标融入团队目标，很多心血很可能会白白浪费。

吴华大学毕业后应聘到某公司上班。上班的第一天，他的上司就分配给他一项任务：为一家知名企业做一个广告策划案。

既然是上司亲自交代的，吴华不敢怠慢，就埋头认认真真地做了起来。他不言不语，一个人费劲地摸索了半个月，还是没有眉目。显然，这是一项让他难以独立完成的工作。但是，吴华没有去寻求合作，也没有请教同事和上司，只是一个人蛮干，甚至忽略了客户的时间要求。最后，他也没有拿出一个合格的方案来。

吴华没有将自己的目标融入团队发展中，结果导致了失败。

其实，一旦团队成员的思想统一到组织的整体思想体系中，团队成员认同组织的目标，把个人目标和团队愿景牢牢地结合在一起，那么工作也就不会走弯路了。

当员工的目标与企业的目标保持高度一致时，管理者自然无须为他们不会努力工作而发愁。作为一个管理者，只有将团队与员工的共同目标结合起来，才能激发员工最大的积极性和工作动力。

提供依靠和支持

辅车相依，唇亡齿寒。

——《左传·僖公五年》

释义：辅与车互相依存，颊骨和齿床互相依靠。比喻两者关系密切，互相依存。

所谓"木桶理论"也即"木桶定律"，其核心内容为：一只木桶盛水的多少，并不取决于桶壁上最高的那块木块，而恰恰取决于桶壁上最短的那块。

根据这一核心内容，"木桶理论"还有两个推论：其一，只有桶壁上的所有木板都足够高，那木桶才能盛满水。其二，只要这个木桶里有一块高度不够，木桶里的水就不可能是满的。在团队中，成员恰恰如构成木桶的木板一样，团队的成功也不是在那个最优秀的成员身上，而是在最弱的那一方面，也就是团队的"短板"。

一只木桶能够装多少水，在正常情况下不仅由最短的那块木板决定，同时也和构成它的所有木板的紧密程度有很大关系，木板的紧密，就好像是在团队中每个成员之间的密切协作。再就是桶底，一个好的木桶，它的桶底必须是好的，没有一个好的桶底，也就盛不了水，这一点相当于团队为每个成员提供的发展平台。

当管理层营造了一种支持性的环境时，团队合作就很有可能产生。营造这样一种环境，包括倡导成员从集体出发来考虑问题，企业留下足够多的时间供大家会谈，以及对成员取得成绩的能力表示信心。这些支持性的做法帮助组织向团队合作迈出了必要的一步。因为这些步骤促进了更深一步的协调、信任和相容，管理者需要发展一种有利于创造这些条件的组织文化，才能让角色分明的团队成员胜任工作。除了这些要求以外，只有在所有成员都清楚他们要与之打交道的所有其他人的角色时，成员才能作为一个团队工作。

当做到了这一点时，成员们才能根据条件的需要，迅速行动起来，而不需要有人下命令。换言之，团队成员能根据工作的需要自发地作出反应，采取适当的行动来完成团队的目标。例如，一个手术小组的其中一个成员没有在适当的时间按要求去做，病人就会有生命危险。通常情况下，团队合作的疏忽也许不会带来生命危险，但是产品质量或者为客户提供的服务会由于一个人的失职而受到损害，高效率的团队需要所有的人都全力以赴。管理人员的一个主要职责就是保持团队成员向总体目标努力。不幸的是，有时一个组织的策略、保持纪录的需要和奖励体制会瓦解个人的努力成果，打击团队合作。

羚羊是草原上跑得最快的动物，但它们却常被狼群捕食，而速度比它们慢的马群却很少被狼当作捕食对象。狼为什么能够捕获到跑得快的羚羊，而很少捕获跑得慢的马群呢？原因就是，羚羊遇到危险便会落荒而逃，但是马则是群居动物，它们有很强的团队合作意识和团队精神。每当有食肉动物来袭时，成年而强壮的马就会头朝里、尾巴朝外，自动围成一圈，把弱小的和衰弱的马围在中间。只要食肉动物一靠近，外围的马就会扬起后蹄去踢它们。一旦被马踢到，即使不死也会受重伤，所以很少有食肉动物愿意去袭击马群。正因为有这样的团队，马便成为草原上最自由自在的动物。

当人人都意识到有一个超凡的目标在他们面前时，一些内部的小矛盾往往就消弭于无形了。

团队报酬是触发团队合作的又一因素。这种报酬或者是物质上的，或者会采取认可的形式给予。如果成员们对报酬评价较高，目标对员工来说并非高不可攀，而且这些报酬是根据小组表现来评定时，这时报酬的效果最显著。此外，组织也需要在鼓励和表彰个人创新和发展及鼓励他们为团队成功竭尽全力方面保持微妙的平衡。创新性奖励包括授权挑选新成员加盟组织，或为组织成员制定纪律等。

为团队制定共同目标

有志者，事竟成。

——范晔《后汉书·耿弇传》

释义：有志向的人，事情终究会成功。

　　设定团队目标是管理者重要的工作任务之一。企业的成功都是相似的，而企业的失败则各有各的原因。成功企业的一条重要经验就是，他们有确定的奋斗目标，并且能将这种目标转化为员工奋发向上的动力。

　　有心理学家提出，一个人在团队中工作，最怕的就是自己的力量被限制，得不到有效发挥。究其原因，在团队中缺少归属感是其中最重要的。缺乏归属感的人，做事没有目标，只会为了工作而工作，根本体会不到在团队中大家为着共同目标奋斗的工作激情。

　　假如团队有自己的共同目标，那么每个人都会由此找到自己该做的事，这对提高团队效率非常有利。如果团队成员为了与团队总目标不一致的个体小目标而努力，造成的后果是可悲的。

　　　　有三只老鼠一同去偷油喝，到了油缸边一看，油缸里的油只剩了一点点，并且缸身太高，谁也喝不到。聪明的老鼠想出一个办法：一只咬着另一只的尾巴，相互吊着下去喝，第一只喝饱了上来，再吊第二只下去喝……第一只老鼠最先吊下去喝，它在下面想："油只有这么一点点，今天总算我幸运，可以喝个饱。"

　　　　上面的老鼠看油越来越少，就不住地催促它赶快上来，但下面的老鼠却不理睬，照喝不误。上面的老鼠生气了，就放开了下面老鼠的尾巴。结果那只老鼠落在油缸里，由于永远逃不出来而饿死了。

　　下面的老鼠只想着自己的利益，却忽视了团队的目标，最终产生了这样的结果。作为管理者，不仅要确定团队的共同目标，还要在执行的过程中保证团队成员的目标不偏离。

团队的共同目标是员工有意识地选择并能为之付出的方向，它利用团队成员的才能推动团队的发展，由此每个团队成员都会获得一种成就感。共同目标是团队存在的理由，能够为团队运行过程中的决策提供参考，同时可以成为判断团队进步的可行标准，而且能为团队成员共同合作和共担责任提供支持和帮助。

倘若对大家的共同目标达成一致并获得承诺，就不需要命令、监督了。用自己的执行力去行动，是团队获取成功的关键。

作为团队的管理者，必须为团队成员树立共同的目标，这样才能更有效地开展团队工作，以达到团队协同合作。要形成团队共享目标，管理者必须从以下几个方面着手。

1．对团队进行摸底

对团队进行摸底就是向团队成员咨询对团队整体目标的意见，这点非常重要。首先，这样做可以让成员参与到团体整体目标的达成过程中来，使他们觉得目标与自己息息相关，而不是别人的目标；其次，可以获取成员对目标的认识，即团队目标能为组织作出别人不能做出的贡献、团队成员在未来应重点关注的事情、团队成员能够从团队中得到什么，以及团队成员个人的特长是否在团队目标达成过程中得到有利发挥等。

2．对获取的信息进行加工

在对团队成员进行摸底并收集到相关信息以后，切勿立即确定团队目标，而是应该就成员提出的各种观点进行深度思考，留下一个空间——给团队和自己更多机会，好好考虑上述观点，以缓解匆忙决定带来的消极影响。

3．与团队成员讨论目标，确定目标

管理者与团队成员讨论目标、确定目标是将其作为一个开始，以成员的参与而形成最终决定，以获得团队成员对目标的一致意见。虽然很难，但这一步确实不能省略，因此，团队领导应试着运用一定的方法和技巧。比如，启发引导，以确保成员将所有观点都表达出来；找出不同意见的共同之处；辨别出隐藏在争议背后的合理性建议；达成团队目标共享的双赢局面。

4．确定团队目标

通过对团队的摸底和讨论，修改团队目标，确定目标内容以反映团队的目标责任感。虽然，让全体成员都同意目标，确定目标的内容很难，但形成一个大多数成员认可的、可接受的目标是非常重要的，这样才能获得成员对团队目标的真正承诺。

5．对团队目标进行阶段性分解

由于团队在运行过程中难免会遇到阻碍，比如组织大环境对团队运行缺乏信任、成员对团队目标缺乏足够的信心等。管理者在确定团队目标后，要尽可能地对团队目标进行逐一分解，树立一些过程中的标志性目标，使团队的每一次进步都能给组织以及成员带来惊喜，从而让团队成员充满成就感，为一步一步完成整体性团队目标奠定坚实的基础。

只有团队成员对团队目标有了清晰的认识，才能在成员心中形成成就感，才能增加团队目标在实施过程中的紧迫感。

同时，达成共识的团队愿景，一定能让成员克服障碍，从而激发他们前进的动力。

相信梦想并为之努力奋斗

志不强者智不达。

——《墨子·修身》

释义： 志向不坚定的人智慧就得不到充分的发挥。比喻坚定的志向能给人无穷的动力。

我们生活的世界有这样一个现象，那就是没有梦想的人在为有梦想的人努力奋斗达成目标。因为没有梦想的人就好像没有指南针的船只，不知道前进的方向，有具体的梦想的人就好像有指南针的船只，有明确的目标和方向。在茫茫大海上，没有方向的船只只能随着有方向的船只航行。

优秀者之所以优秀，是因为在成功的路径上他们较旁人走得更快更稳，因为他们总能找到捷径。在努力奋斗的过程中，将梦想作为行动指南，让他们少走了很多弯路。

在完成任务前，管理者就要尽最大努力让员工相信梦想并为之努力奋斗。树立必胜的决心，要有"一定要赢"的心态，这也是团队获得成功的最强大的动力。团队到底能够走多远，在某种程度上取决于管理者。

有魄力的管理者善于从全局出发，制定远大的目标，让员工能看得见、够得着，激励员工努力奋斗，从而引领企业向更高远的目标发展。

沃尔玛的创始人山姆·沃尔顿就为此做出了榜样。这一商业帝国的建立得益于他的梦想——为社会底层人群服务，改变这个世界。他当时的梦想很单纯，只是希望帮助美国小镇和乡村居民过上跟大城市居民一样有质量的生活。那时候，人们都忙于在城市里开店，因为在小乡村开店几乎挣不到钱。然而，沃尔顿把超市开在了乡村，最后他成功了。如果没有这样远大的初衷，他的企业就不会有今天的发展。凡是取得成功的人，都有一个伟大的梦想。只有伟大的梦想，才能激起无穷的斗志，才能在广阔的舞台上施展自己的聪明才智。

作为管理者，一定要设法让员工相信梦想，只有如此才能让他们产生奋斗的动力。如果目标设定脱离了现实，便成了荒诞的妄想，让员工无法接受。这样的目标超过了企业的现状和员工的实际能力，团队也会因此涣散。

还未下班，看到公司内网上关于本部门的业绩公告发布后，部门同事瞬间就炸开了锅。明远把自己桌上的文件一摔，站起身来说："800万元的单子，他以为自己是神仙啊？他定这么高的目标讨好老总，完不成挨罚的还是我们。"

"也不提前跟我们说一下，把这么高的业绩指标抛给我们，我们哪有这么大的本事？"小王也愤愤不平。

"我们部门就这么几个人，这个季度要是能达到800万元的任务目标，那可真是出现奇迹了。"角落里的叶琴这样说道。

"上个季度那么努力，最后也只完成了400万元。反正是完不成目标的，也不用努力了。"平时一向沉稳的老马也不禁抱怨了起来。

原本在公告之前准备加班的一群人，很快都跑出了办公室。办公室变得空荡荡。

如果这个目标不能实现，一点可能都没有，也就没有了意义。更为严重的是，它还会挫伤员工在执行过程中的积极性与自信心。如果想要目标对员工产生激发作用，那么对于员工而言，这个目标必须是可接受、可以完成的，并且具备一定的挑战性，只有这样才可以激发员工的积极性。对一个员工而言，如果目标超过其能力范围，则该目标只会被束之高阁。领导者在团队建设中的最重要任务，就是为组织成员设定一个具体、明晰、有挑战性的目标。

如果将梦想和目标看作桃子，再将目标放到太高的位置，连跳数几次仍然摘不到桃子，员工会认为努力没有意义，最终丧失信心；但是目标定得太低，不费力就能摘到桃子，人们便会失去奋斗的动力，不利于潜能发挥。所以目标太高或太低都不利于激发员工的斗志。

制定目标要有"度"。最好需要"跳一跳"才能"够得着"。制定企业目标的时候，既不能让目标过低，轻易便能实现，又不能定得过高，无法实现。管理者一定要从企业长远的发展规划出发，让目标定得恰如其分。

作为管理者，要让团队的愿景和个人的目标相结合，建立在切实可行的基础上，并且让员工努力去够才能触碰到它，这样的团队才会充满生机和活力。